한국의 행동 원리

한국의 행동 원리

오구라 기조 지음 — 이재우 옮김

"한국은 매우 복잡한 관계성의 집합체이다."

Contents

한국어판 서문

뒤떨어지는 한국 인식

일본 내 한국 연구의 문제점

이 책은 "한국이란 무엇인가?"라는 질문에 대해 아주 작은 인식을 제시한 것에 불과하다. 지금까지 나는 이 주제에 관해 몇 권의 책을 썼는데, 이 책은 그 가운데서도 '현대 한국'에 초점을 맞추고 시사적인 관점에서 분석했다. 그 분석이 올바른지는 모르겠다. 다만 반성하는 의미로 현대 일본의 한국에 대한 인식에 관해 아래와 같은 사실을 한국 독자께 전하고 싶다.

나는 한국에 대한 일본인들의 인식이 뒤떨어졌다고 생각한다. 이 말은 이른바 혐한 발언만을 가리키지 않는다. 물론 혐한 발언의 대부분은 한국에 관한 단편적인 정보(주로 일본어로 된 정보)에 근거하여 "미리 혐한파에 유리한 한국멸시 인식"을 동어반복적으로 자아낸 것이기 때문에 논의할 여지가 없는 낮은 수준이다. 그러한 인식에 대해 나는 "쓰레기통에 던져라"고 말할 정도로 혐오한다.

하지만 혐한 발언 중 소수는 제대로 된 1차 자료나 현지 조사를 통해 제대로 된 한국 비판의 담론을 구축하기도 한다. 이러한 경우는 수준 높은 인식이라고 할 수 있다. 그렇다면 "한국에 대한 인식 수준이 뒤떨어졌다"라는 말은 어떠한 의미일까?

여기서 나는 이른바 '전문가'들을 비판하고 싶다.

일본에서 한국에 대한 인식을 구축하는 소위 '전문가'는 연구자나 언론인이나 관료들인데, 이들이 최근 더 심하게 뒤처졌다. 이러한 견해에 대해 다음과 같은 반론이 바로 나올 것이다.

예전에 일본에는 한국에 대한 연구자가 별로 없었다. 한국어를 할 수 있는 인재도 적었고 대학교나 연구소에도 한국 연구직은 없었다. 또한 예전에는 일본인의 한국 인식이라면 소수의 보수파나 다수의 좌익이 한국을 연구하고 있었고 많은 경우 이데올로기에 따라 한쪽으로 편향되었다. 그에 비하면 최근 한국 연구는 역사, 정치, 외교, 경제뿐만 아니라 문화나 사회 전반을 폭넓게 연구할 수 있게 되었으며 그 성과도 많이 나왔다. 대학교나 연구소에서 한국 연구를 할 수 있는 자리도 비약적으로 많아졌으며, 이데올로기에서 벗어나 연구자나 언론인으로서 한국어를 잘하고 영어나 중국어에 러시아어나 유럽 언어들까지 구사하며 다각적으로 연구하는 인재도 많아졌다.

물론 이것은 올바른 지적이다. 그러한 높은 수준의 연구를 하는 학회의 대표 단체로 「현대한국조선학회」가 있는데, 나 자신도 이 학회와 관련이 있다. 현대 한국과 북한을 연구하는 연구자와 언론인의 집단인 이 학회의 연구 수준은 매우 높다고 말할 수 있을 것이다.

확실히 일본의 한국 연구 수준은 비약적으로 상승했다. 이렇게 말한다면 서두에서 내가 한 말과 모순된다고 생각한다.

나는 이런 문제를 말하고 싶다.

일본에서 '한국 연구'라는 분야에 우수한 인재가 모이게 되었고 연구직의 숫자도 최근 20년 새 비약적으로 늘었다. 그러한 상황은 매우 기쁜 일이므로 어떠한 유감도 없다. 하지만 안타깝게도, 당연하게도 그로 인한 문제점도 동시에 커지고 말았다. 지금부터 그 문제점들을 정리해 보자.

1. 지금은 전문화가 급속하게 진행되어 '한국'이라는 영역 안의 아주 좁은 분야만을 다루기만 해도 일자리를 얻고 생활을 할 수 있게 되었다. 그 결과, 예를 들면 대학교의 영문학 교수가 "나는 40년 동안 셰익스피어만을 연구했고 그 이외엔 아무것도 하지 않았다"고 하는 식의 '옛날의 행복한 학자'와 비슷한 소위 '전문가'가 한국 연구라는 분야에서도 나타나기 시작했다. 이것은 연구의

깊이가 강화되는 긍정적 측면과 시야가 좁아지는 부정적 측면을 동시에 가져온다. '한국'을 전부 인식하려고 하지 않더라도 "한국의 특정 분야"를 핀포인트로 분석하고 쉽게 논문을 써서 대학에 자리를 잡을 수 있게 된 것이다(그럴 수 있을지도 모른다).

2. 연구직은 늘어났지만 예비 연구자도 늘었기 때문에 경쟁은 심해진다. 어쨌든 쉽게 '논문 같은 글'을 쓰는 것이 경쟁에서 중요하므로 청년들은 손쉬운 길을 택한다. 윤리의식이 없는 지도교수 또한 청년들을 그렇게 키운다. 가능한 '좋은 과제'를 핀포인트로 삼아 분석하는 행위가 쉽게 성과를 내놓을 수 있는 지름길이므로 그러한 결과물이 나날이 늘어난다.

3. 연구 방법을 자신의 힘으로 만들어내려고 한다면 논문 한 편에 20년이나 30년이나 시간을 들여야 하니까 이미 정평이 나 있는 방법론을 '원용'해서 '분석'하게 된다. 그처럼 권위 있는 방법론은 대부분이 서구의 방식이므로, 이 시점에서 이미 일본의 연구자는 서구의 세계관에 종속되기 마련이다. 그 방법의 문제성을 자각하는 경우는 아직 괜찮지만, 대부분의 경우에는 그렇기는커녕 반대로 "서구의 권위 있는 방법론을 써서 분석했으니까 수준 높은 논문이다"라는 거대한 사기와 착각의 함정에 자신을 내던지는 꼴이 된다.

4. 그렇게 함으로써 '한국에 대한 인식의 식민지화'라는 사태가 발생한다. 결과적으로 권위와 힘이 있는 서구의 방법론을 '구사해서' 분석하는 '대상'으로서만 '한국'은 존재할 수 있게 된다. 한국의 주체성이나 능동성 같은 요소는 무시되고, 한국은 그저 인식의 대상으로서 객관적으로 '분석하는 데 유리한 모습으로서만' 존재할 수 있게 된다.

물론 이것은 한국 연구라는 분야만의 문제가 아니다. 일본의 인문·사회과학 분야 대부분이 이러한 함정에 빠졌다. 최대의 함정이다. 이대로 간다면 일본의 인문·사회과학은 확실히 스스로 서구의 지배를 받는 '자기식민지화'가 심해져서 학계에서 쓰는 언어는 이제 한자나 가나로 표기해도 일본어가 아닌 언어가 될 것이다. 결국 학문 자체가 일반 국민이 이해하지 못할 뿐 아니라 철저하게 외면을 받아 종말을 맞이할 것이다.

이미 일본의 인문·사회과학의 많은 분야에서 깊이 진행된 위와 같은 상태가 한국 연구에서도 결국 찾아왔다. 그래도 좋다. 예전에는 한국 연구 분야에서 거의 없었던 '편차치 수재'[01]라는 사람들이 최근 한국 연구에도 모이게 된 사실도 원인이다. 이 '편차치 수재'라는 인간들은 현대 동아시아에서 특별히 진화한 궁극의 효율주의자이며 어쨌든 어렸을 때부터 최소의 노력으로 최대의 성과를 얻자는 일념으로 살아온 사람들이다. 그러한 '우수한 인재'가 "부분이 아닌 한국 전체를 인식하자"는 번거롭고 가성비가 떨어지는 일에 전념할까? 이들은 어떻게 하면 가능한 최소한의 노력과 최단 시간으로 논문을 쓸 수 있느냐는 점에만 관심을 집중한다. 그러니까 논문을 몇 편 써서 박사 학위를 받았다고 해도 자기 주제 이외는 거의 아무것도 모르고, 그러한 사실을 별로 부끄럽게 여기지도 않는다. 그러한 인간이 만약 대학교 교수 자리를 얻으면 어떻게 될까? 학생의 관심은 다양하다. 한국 유교를 알고 싶은 사람, 한국 영화를 알고 싶은 사람, 한국의 빈부격차 문제를 알고 싶은 사람, 신라의 외교정책을 알고 싶은 사람등 모든 다양한 관심을 가진 학생들이 모인다. '손쉽게 논문을 쓰는 사람들'은 그러한 관심에 대응할 리가 없기에 학생을 제대로 지도할 수가 없다. 그래서 당연히 학생이 불이익을 겪게 된다. 그러한 '손쉽게 논문을

---

01) 대입 시험을 높은 점수로 통과한 사람들을 일컫는 일본식 표현

쓰는 사람'을 교수로 채용한 대학교가 나쁜 것이고 학생에 대한 배신 행위라고 할 수 있다.

지금 나는 우연히 한국 연구를 말했지만, 앞서 말했듯 이 점은 일본의 모든 인문·사회과학 학문에 해당한다. 덧붙이자면 위의 문장에 '한국 연구' 대신 '사회학'이라든지 '법학' 같은 단어를 넣어도 똑같이 말할 수 있다.

새로운 인식을 향해

지금 한국 연구, 아니 일본의 인문·사회과학 연구의 문제점의 일부를 말했는데 많이 흥분한 듯하다. 여기서 조금 냉정해져서 내가 앞서 한 말을 비판하고 싶다.

확실히 일본의 한국 연구에는 문제는 많지만 그래도 점차 우수한 인재가 한국 연구라는 분야에 참가하게 되었고, 연구직이 늘었으며 그리고 다양하고 많은 연구실적을 축적하게 된 사실에 관해서는 긍정적으로 평가해야 한다.

또한 가성비를 중시하는 '손쉽게 논문을 쓰는 사람들'이 늘었다고는 하지만 훌륭한 지도자가 있는 연구실에서 그러한 사람들은 배출되지 않았다. 이것은 일본에서 열심히 한국을 연구하는 연구자와 대학원생의 명예를 위해 확실하게 말해야 한다.

안이하게 손쉽게 논문을 쓰자는 발칙한 흉내는 그러한 연구실에서 절대로 할 수 없다. 연구는 모름지기 철저하게 기초를 연마하고 이해하면서 진행해야 하기 때문에 대학원생들의 부담과 고생은 남다르다.

대학원생들은 매우 우수하다. 그런 우수함을 달콤한 꿀의 매혹적인 방향(손쉬운 방법이 있지 않은가?)으로 유도하지 않고, 반대로 고통스럽고 곤란하지만 "독창적이고 보편적인 통찰의 창출"이라는 방향으로 이끌려고 교수와 대학원생은 치고받는다. 이 싸움이 고통스러워 비명을 지르는 대학원생도 많다. 하지만 이렇게 하지 않으면 그 대학원생은 대학교에 강사나 교수로 일하게 될 때 수업을 받는 학생들에게 결함투성이의 학문을 가르치게 된다.

대학원생 대부분은 강력하게 성장한다. 청년의 잠재능력을 절대적으로 신뢰할 수 있다. 그런데 그렇다면 무엇이 문제인가?

머리말로 돌아가자.

앞서 "일본의 한국 인식이 뒤떨어졌다"고 말했다. 그 원인 중에는 앞서 말했듯 가성비를 중시하므로 서구의 방법론을 단순하게 '적용시키기'만 하는 손쉬운 연구가 널리 퍼지고 있기 때문이다. 이 말은 일본의 문과계열 학문 전반에 널리 말할 수 있는데 긍지도 저항의식도 없는 비굴한 '자기식민지화' 병이다.

그런데 또 다른 중요한 문제가 있다.

그것은 "애당초 너는 한 사람으로서 너의 연구대상을 어떻게 보느냐?"는 윤리적이자 철학적 문제이다.

능력이 있는 우수한 인재는 대상을 객관적이자 포괄적으로 깊게 이해하려고 한다. 이것은 말할 것도 없이 훌륭한 일이다. 하지만 특히 한국이라는 대상의 경우에는 여기에 윤리와 철학이 추가된다. 프랑스 문학이나 중국의 인구정책을 연구하는 것과는 다른 '진지함'을 요구할 것이다.

여기서 "한국은 일본에 식민지 지배를 당했던 국가이다. 따라서 당연히 반성과 속죄하는 마음을 갖고 연구해야 한다"는 말을 하려고 하는 것이 아니다. 그러한 도덕적인 자세를 미리 취해야 한다는 의미가 아니다. "도덕적인 자세를 취해야 한다"는 말이 있다면, 그 말의 옳고 그름도 비판적으로 물어야 한다. 즉 대상이 단순히 '분석하는 객체'로서 거기에 자명한 존재로서 있는 유형의 학문과 달리, 한국 연구라는 것은 "애당초 내가 분석하려는 이 대상은, 나라는 주체와 어떻게 겨루는 주체인가?"라는 메타 레벨의 인식에서 출발해야 성립하는 분야이다.

'서구의 방법론을 손쉽게 끌어다 쓰는 사람들'의 문제점은 그들이 자기식민지화의 세력이라는 사실에만 있는 것이 아니다. 이러한 생각을 갖는 부분이 문제이다. "한국 연구라는 분야는 이미 옛날과 다르게 더 이상 속죄의식이나 답답한 도덕감을 갖지 않아도 가능해졌다. 한국은 특별한 나라가 아니다. 과거와 연결되지 않으면 인식할 수 없는 나라가 아니다. 단순한 연구대상이며 즉 프랑스나 브라질을 연구하는 것과 마찬가지이다. 오히려 한국이라는 나라를 특별하다고 생각한다면 객관적이어야 할 학문 인식이 왜곡되고 만다. 증거나 사실에 근거한 논의를 해야 함에도 도덕이나 심정이라는 쓸데없는 감정이 들어가게 된다. 단적으로 말해 예전에는 한국 연구라는 분야가 질이 낮은 이류, 삼류 학문이었기 때문에 그런 인식이 옛날에는 통했으나 이젠 그러한 풍조를 철저히 뿌리 뽑아야 한다." 어떤 의미에서 무척 잘 이해할 수 있는 생각이다.

2001년 '현대한국조선학회'라는 학회가 만들어진 배경에는 위와 같은 인식이 명확하게 작용했다. 그때까지 한국과 조선 연구라고 하면 마땅히 속죄의식을 갖고 한국과 조선이라는 나라, 한국인, 조선인이라는 사람들을 대해야 한다는 암묵적인 전제가 있었다. 그렇게 함으로써 여러 가지 훌륭한 연구가 발표된 것도 사실이다. 하지만 그런 의식만이 지배하는 것은 연구의 도덕화이자 정치운동화였다. 연구가 '도덕'이라는 이름의 권력에 지배를 받고 말았다.

그러니까 연구와 도덕의 분리는 연구와 정치운동의 분리를 의미한다. 그 점을 현대한국조선학회가 의식적으로 행했다.

그것은 좋았다. 하지만 동시에 한국과 조선을 옛날에 병합하여 식민지로 만든 주체로서의 인식이 희미해지고 말았음은 사실이다.

우리 일본인은 지금 '과도한 속죄의식이라는 사고정지'에서 벗어나서 동시에 '데이터나 증거만으로 한국과 조선을 말하는 사고정지'로부터도 벗어나서 일본과 한국, 조선이라는 특수한 관계성을 철학 수준에서 사고할 수 있는 지성을 키워야 한다.

머리말

한국을 멸시한다니 무슨 말인가?

몇 년 전, 어떤 사람이 나에게 "한국은 일본과 달리 문화재를 잘 보호하고 있지요. 일본은 정말 글렀어요"라고 말했다. 지적이고 인생경험도 풍부해 보이는 이 여성은 한국을 거의 모르는 사람 같았지만, "한국은 문화나 역사를 매우 소중히 여기는 나라이다"라는 강한 이미지를 가진 듯했다.

나는 "그럴 리가요. 한국은 일본과 비교해 보면 문화재를 전혀 소중히 여기지 않아요. 물질을 소중히 여기는 문화가 약해요"라고 대답했다. 그녀는 잠시 심하게 당황하더니 바로 화가 난 듯했다. 아마도 한국의 문화재 보호 상황이 아니라, "한국은 안 된다"고 뻔뻔하게 말하는 나를 향해 화를 냈을 것이다(내가 "한국은 안 된다"고 말하지 않았음은 뒤에서 설명하겠다).

내가 그녀에게 한 말은, 그녀 입장에서 보면 "말도 안 되는" 소리였을 것이다. 식민지 시대 일본에 문화를 '파괴'당한 역사의 고통과 소중함을 항상 강렬하게 의식하는 한국이라는 나라는 "문화든 역사든 소중히 여기지 않는 일본"에 비하면 훨씬 훌륭한 나라일 것이라는 '믿음'을 그녀는 갖고 있는 듯했다. 한국을 전공한 우리는 이 여성처럼 성급한 사람들을 종종 만난다. 20년 가까이 전에 유행했던 한국 드라마 「겨울연가」의 주인공이었던 배용준의 "국경을 초월한 사랑의 포용력"을 높이 평가한 일부 일본 여성 팬이 "그 사람에 비하면 고이즈미(당시 수상이었던 고이즈미 준이치로)는 별로다"는 주장을 한 적이 있었다. 나는 『론자論座』라는 잡지에서 그러한 주장이 부적절함을 논했다. 일단 나는 한국에 관한 전문가이므로 「겨울연가」 팬처럼 단순하고 성급한 이항대립으로는 한일 관계를 말할 수 없다는 점을 잘 알고 있다.

신종 코로나 바이러스에 대한 국가적 대처에 관해서 "한국은 대단해. 일본은 안 돼"라는 주장을 봤다. 내 입장에서는 이 말도 너무 성급한 인식으로만 보인다. 이렇게 단순한 인식은 한국이라는 사회를 어떤 의미에서 폄하하는 행위임을 왜 느끼지 못하는 것일까?

같은 시기, 신종 코로나바이러스에 관해 아사히신문에 엄청 좋은 내용의 사설이 실렸다(2020년 6월 25일자). 과학기술사회론이 전문인 우치다 마리카(內田麻理香) 씨가 쓴 「'암묵지'暗默知가 결여된 전문가를 주의하자」는 글이었다. 우치다 씨는 '전문가'는 '암묵지'를 가져야 한다는 H.콜린스와 R.에번스의 견해를 소개했다. 여기서 말하는 '암묵지'란 "전문가 집단에 융합되거나, 오랜 실천을 통해 배양됨으로써만 얻을 수 있는 깊은 이해"이다. 단순히 1차 자료를 읽고 문제를 이해했다고 착각하는 사람은 전문가가 아니다. 이번 코로나 사태에서는 감염증의 수리 모델 전문가가 아닌 물리학자가 'K값'이라는 지표를 제시했는데(오사카대학의 나카노 다카시中野貴志 교수가 K값의 변화를 통해 코로나 바이러스의 확산을 예측할 수 있다는 논문을 쓴 사실을 가리킨다-옮긴이), 이것은 전문지(專門知)가 아니다. 우치다 씨는 전문가 이외의 견해를 배척하면 안 되지만, 비전문가는 그 영역의 전문성을 존중해야 한다고 주장했다.

매우 동의할 수 있는 견해이다. 다만 초보나 비전문가가 새로운 발견을 하거나, 패러다임의 밖으로 나오는 경우도 있기 때문에 그것도 존중해야 한다고 생각한다.

덧붙이자면 전문가는 '다중주체(多重主體)'임을 요구받는다고 생각한다. 머리말로 돌아간다면 나는 일단 한국 전문가이니까 '한국', '문화재', '보호'라는 세 개의 단어를 듣는 순간, 그 단어들에 관한 많은 지식이나 이미지를 떠올릴 수 있다. 동시에 다양한 한국인이 이 문제를 지금까지 얼마나 주체적으로 힘들게 싸워 왔는지를 이해할 수 있다. 내 혈족과 관계가 없는 존재를 소중히 여기는 문화가 약했던 한국 사회가 근대화 이래, 어떻게 그런 문화를 바꾸려고 했는지에 관한 힘든 싸움의 역사이다. 그러한 과정에서 일본에 많은 것을 배웠고, 나아가 "일본에 배운 역사"를 지워 온 역사도 있었다.

그런 사실에 관계한 많은 사람의 주체성을 내 안에 집어넣는 것이 전문가이다. 전문가는 아주 일부의 정보를 접했다고 해서 성급하게 결론을 도출하지 않을 것이다. 나는 "물질을 소중히 여기지 않는 문화"가 만약 있다면, 당장에 "안 돼"라고 가치판단하지 않고, 그 문화가 갖는 의미와 의의를 깊게 생각하는 것이 전문가라고 생각한다. "문화재를 소중히 여길 것임에 틀림없는 한국"이라는 잘못된 인식은 "물질로서의 문화재를 소중히 여기지 않았던 한국의 문화"에 대한 멸시에 직결된다.

따라서 전문가는 "그 점은 너무 복잡해서 모른다", "그 점은 성급하게 결론을 낼 수 없다"고 말할 수 있는 특권을 갖고 있다.

하지만 코로나 사태를 겪고 있는 현재 상황에서 감염증 전문가가 가져야 할 그러한 특권은 거의 부정되었다. 긴급 사태가 급속도로 진행되고, 그러한 이해력이 없는 비전문가가 언론을 통해 멋대로 이항대립적으로 단정하여 말하는 지적으로 저하되는 상황 속에서 전문가는 고투했다.

코로나 바이러스 대책을 가지고 안이하고 성급하게 국가의 우열을 이야기한 결과, 국가의 힘은 더욱 커졌다. 한국의 코로나 대책을 단순하게 평가할 수 없다. 제2차 세계대전 전 일본의 치안유지법과 비슷한 국가보안법이 있고, 군대의 역할이 매우 컸던 조건이 한국의 코로나 바이러스 대책에 영향을 줬기 때문이다. 한국 사회가 그 점에 고통스러워하고 있는 상황을 모르고, 무작정 "한국의 대책은 훌륭하다"고 말하는 것은 한국인에 대한 오리엔탈리즘이자 멸시라고 나는 생각한다.

나는 많은 분이 한국인의 사고방식을 더 실체에 가까운 형태로 알아주시기를 바란다. 문화재에 대한 견해도 그렇지만, 한일청구권협정의 인식이나 위안부소송도 똑같이 말할 수 있다고 생각한다. 일본인이 "한국의 법의식은 잘못되었다"라는 식으로 비난하는 것은 가능하지만, 그것만으로 그친다면, 계속 이웃나라의 행동원리를 이해할 수 없다. 이 책에서는 주자학이나 '왕조적 역사관'이라는 배경을 들어, 그들의 사고를 쉽게 해설하려고 시도했다.

제1장 「한국을 정확하게 이해해야 한다」에서는 "일본은 법을 중시하고 한국은 도덕을 중시한다"는 나의 주장을 언급한 다음, 한국의 법조 능력은 일본보다 낮다고 할 수 없으며 세계의 최신 유행에 민감한 사실을 지적했다. "일본과 달리 한국 민주주의는 법을 멸시하니까 수준이 낮다"고 단순하게 생각하면 위험하다.

제2장 「누가 한국의 주역인가?」에서는 한국의 '시민'을 다루면서 일본의 '시민'과의 큰 차이를 설명했다. 제3장 「동학과 북학·다이너미즘의 동력」에서는 한국인의 다이너미즘을 낳은 19세기의 '동학'과 18세기 후반의 '북학'을 다뤘다. 한국인은 분명 도덕을 중시하지만, 그것만을 중시하지는 않는다. 실리를 탐욕스럽게 추구하는 다른 축도 있다. 제4장 「한국인과 일본인의 정치관」에서는 조선 왕조의 서민이 "거버넌스를 갖지 못했지만 정치적", 에도 시대의 일본 서민이 "거버넌스를 가졌지만 비정치적"이었던 사실을 지적하고, 그 후 일본인의 정치관이 어떻게 바뀌었는지를 서술했다.

제5장 「한일 군사관계를 다시 생각한다」에서는 한국이 미국에 품는 호오(好惡)를 다루면서 한일의 군사 관계의 장래를 생각했다. 제6장 「북한이라는 요소」에서는 북한에 대한 열등감 등 한국인이 북한을 어떻게 보는지를 설명했다. 여기까지가 「제1부 한국의 행동원리」였다. 이어서 「제2부 '전후 최악의 한일 관계'를 어떻게 봐야 할까?」에서는 악화된 한일 관계에 대해서 내가 중요하다고 생

각하는 논점을 들어 사람들이 표층에만 얽매이지 않는 인식을 갖지를 바랐다.

제7장 「니힐리즘의 동아시아에 미래는 있는가?」에서는 동아시아에 만연한 니힐리즘을 논하고, 애당초 한국과 일본을 "제대로 된 국가"로 간주하는 점에 의문을 제기했다. 현재 한국과 일본의 상황을 정확하게 이해하기 위해 먼저 양국을 "제대로 된 국가"로 간주하지 않는 것부터 출발해야 한다는 제안이었다. 제8장 「언론의 한일관」에서는 일본을 대표하는 한국 전문 언론인 4명이 최근에 쓴 책을 평가하고, 일본 저널리즘이 가진 한국관의 일부를 소개했다. 마지막으로 「더 나은 한일 관계를 어떻게 만들어야 할까?」에서 한국이 일본에 대해 가졌으면 하는 인식, 일본에 요구되는 '철학'과 '재능'에 관한 견해를 말했다.

더 나은 한일 관계를 만들기 위해서 우선 서로의 실상(實像), 현재 상황을 이해하는 것부터 시작해야 할 것이다. 이 책이 도움이 되면 좋겠다.

제1부
한국의 행동 원리

제1장 한국을 정확히 인식해야 한다

01 일본은 한국을 너무 안이하게 인식한다

'한반도 인식'이 기만이었던 시대

전반적으로 말하자면, 최근 20년 정도 사이에 일본인이 한반도에 대해 가지고 있는 인식의 질은 비약적으로 높아졌다.

그 이전에는 주로 한국어와 조선어를 이해하지 못하는 학자나 평론가들이 편향된 이데올로기에 따라 '분석 비판'을 했을 뿐이라고 해도 좋다. 표면상 과연 멋진 말처럼 보였다고 해도 내용은 현장의 실태를 무시한 정치적 견해였을 뿐이었다. '한반도 인식'이라는 분야에서 현지의 말을 이해하지 못하는 사람이 그 지역을 분석하는 지적 기만이 가장 활개를 쳤다. 좌도 우도 마찬가지였다. 한 마디로 20년 전까지 일본의 한국·조선 인식은 좌우 각자의 입장에서 보내는 메시지 그 자체로 실체와 괴리가 있었으며, 인식이라기보다 신념체계의 표현이라 할 수 있었다.

지금으로부터 23년 전(1998년) 나는 『한국은 하나의 철학이다』라는 책을 내놓았다. 이 책이 간행되자 많은 신문과 잡지에 바로 서평이 실렸다. 하지만 서평을 쓴 사람들은 주로 그때까지 일본에서 '한반도 인식'을 주도하거나, 그와 관계한 사람들이 아니었다. 그러한 사람들은 이 책을 거의 무시했다. 아니 무시할 수밖에 없었을 것이다. 나는 1988년부터 8년 동안 서울대학교에서 한국 철학을 연구했다. 나의 한국 인식 수준은 정치적 신념 체계인 일본의 '한반도 인식'과 현격한 차이가 있었다고 생각한다. 이것은 자랑이 아니라, 아마도 사실일 것이다. 그러니까 그때까지 헤게모니를 쥐었던 사람들은 이 책을 무시했을 것이다.

---

02) 일본에서는 흔히 대한민국을 한국, 북한을 북조선이라고 쓴다. 따라서 이 본문에서 말하는 한국은 대한민국을 가리킨다. 원문의 북조선은 북한으로 수정했다.

도덕 지향성의 연원이 된 주자학

이 『한국은 하나의 철학이다』라는 책에서 내가 한 주장을 한마디로 요약하면 "한국인은 도덕을 외치지만 그것은 한국인이 도덕적이어서가 아니다"라는 말이었다. 이것은 내가 8년 동안 한국 사회를 꼼꼼히 살펴보고서 얻은 인식이다. 나는 "왜 한국인은 자신들이 이렇다 할 도덕적인 삶을 살지도 않으면서 하루종일 동안 도덕만 외치고 있을까?"라는 핵심 의문을 품었고 이것을 '도덕 지향성'이라는 말로 표현했다. 그리고 그 경향성의 연원은 조선왕조를 500년 동안 지배한 주자학(朱子學)에 있다고 봤다.

주자학은 유교의 한 학파로 남송(南宋)의 주자(朱子, 주희朱熹)가 집대성한 학문으로, 원(元)대 이래 중국 및 조선왕조에서는 주류 세계관으로 군림했다. 주자학의 특징은 우주나 인류 사회의 모든 것을 이(理)와 기(氣)로 설명함에 있다. 기란 영(靈)적 물질이고 이란 근원적 도덕이다. 이 중 이는 우주 질서의 원리임과 동시에 인간관계의 근본을 규정하는 도덕이기도 하다. 주자학적인 사회에서는 이 이를 구현하는 인간이어야 주체성을 가질 수 있다. 이를 구현하지 못하면 타자에게 지배받고 만다. 그러니까 모든 인간관계가 "나와 상대 어느 쪽이 더 많은 이를 구현하고 있는가?"라는 투쟁적 모습이 될 수밖에 없다.

예를 들면 2019년 여름부터 가을까지 한국 정계에서 조국(曺國)의 법무부 장관 취임을 둘러싸고 치열한 공방이 펼쳐졌다. 이 추이를 보고 일본에서는 많은 사람이 "법무부 장관이 되어 청렴하고 부패 없는 법치(法治)를 만들려는 인물인데도 왜 본인 및 가족과 친족은 부정과 불의투성이인지 이해할 수 없다"는 생각을 했다. 하지만 그것이 한국에서의 도덕이다. 한국에서 도덕이란 적을 때려 부술 때 쓰는 무기다. (하지만 이것이 한국인이 자기를 도덕적으로 높이려고 하지 않는다는 의미는 아니다)

그때까지 일본 좌익은 "한국인·조선인·재일이야말로 도덕적이고 일본인은 부도덕하다"는 태도를 사수했다. 20세기 초에 악랄한 제국주의 일본이 조선을 식민지로 만든 사실 등을 규탄하기 위해 도덕이라는 개념을 썼다. 그리고 이것이야말로 그들의 '한국·조선 인식'을 부패하게 만든 최대의 요인이었다.

인식과 멸시는 다르다

이 사람들(일본 좌익)이 갖는 '인식'의 문제점은 많은데 가장 큰 문제는 '한국·조선에 대한 멸시'일 것이다.

일본의 병합식민지 통치에 대해 모든 조선인이 저항심을 갖고 있었다거나 한국인·조선인·재일은 모두 진지하게 사는 도덕적인 사람들이라는 식의 허구를 만들어 일본을 비판한다. 그때 자기들의 목적(일본의 보수나 침략성 비판)을 유지하기 위해 한국인·조선인·재일의 다양하고 실존적이고 매력적인 삶을 모두 획일화해서 '도덕적인 기물'로 만들고 말았다. 이러한 이항대립(도덕적인 한국·조선과 부도덕적인 일본)은 역사에 대해 아무것도 말하지 않을 뿐 아니라, 허위 역사를 만들어 한국인·조선인·재일코리안의 다양한 삶과 주체성을 없애고 획일화하여 단순한 이용대상으로 만들어 버렸다.

또한 여기에 대항하듯이 보수 측의 '한반도 인식'에도 멸시의 영역에 속하는 요소가 주종을 이룬다. 그것을 첨예하게 만든 것이 이른바 혐한파의 언설인데, 여기에는 민주적 사회의 공적 공간에서 도저히 용인할 수 없는 수준의 혐오 요소가 많다. 전통적으로 일본인이 가진 한국·조선에 대한 강한 차별의식의 토대 위에 최근 20년 동안 축적된 객관적인 데이터를 본인들에게 유리하게 차용한 것이 이 혐한 언설의 특징이다. 즉 혐한파는 최근 20년 동안 일본에서 축적된 우도 좌도 아닌 객관적인 인식을 표면적으로 끌어들임으로써 마치 자기들의 인식이 객관적인 것처럼 가장한다. 하지만 여기에 함정이 있다. 혐한파는 통찰이 없이 자기 주장에 이로운 지식의 파편을 꿰맞췄을 뿐이기 때문이다.

왕조 전통의 한국, 봉건 전통의 일본

예를 들면 법과 도덕의 관계에 대해 혐한파의 대부분은 "일본은 법치가 확실한 훌륭한 민주주의 국가지만 한국은 정(情)에 이끌리고 삼권분립도 되어 있지 않은 전근대 국가"라는 인식을 갖고 있다. 이것은 부분적으로는 맞는 말이다. 즉 고도로 학문적인 객관적 지식이 어느 정도 뒷받침하는 인식이라 볼 수 있지만 이러한 인식구도가 과도한 신념체계가 되어 명확한 오류의 영역에 돌입한다면 명백히 일본의 국익에 도움이 되지 않는다.

아마도 일본에서 내가 처음으로 한국의 법과 도덕의 관계에 대한 사상적인 문제를 제기했을 것이다. 한국어와 일본어는 '시민', '민주주의', '역사', '도덕', '법' 같은 어휘를 공유하고 있지만 "양국 사회에서 지닌 의미와 내용이 같다"고 오해하면 한국과 일본의 대립은 커질 것이다. 이른바 '체제공유'를 한 후에 오히려 양국이 크게 대립하는 원인이다.

이러한 생각을 바탕으로 나는 2014년 현대한국조선학회라는 학회에서 다음과 같은 발표를 했다. 동시에 한일의 몇몇 미디어에서 이러한 생각을 말했다.

한국의 시민이라는 개념은 1980년대 '엘리트에서 민중으로', 그리고 1990년대 '민중에서 시민으로'라는 순서로 변화했는데, 이런 상황에서 후기자본주의와 만난 시민은 세계화, 정보화되었다. 반대로 일본의 경우, 60년대 '엘리트에서 대중'으로 바뀌었다가 반대로 90년대 '대중에서 중간층'으로 바뀐 후 세계화의 시대에 들어와서도 여전히 반대로 향하고 있고 내향적 성향이 심해졌다.

한국에서는 "우리나라의 시민은 권력"이라고 해서 정권보다도 오히려 시민의 '여론' 쪽이 힘을 갖는 국면이 종종 있다. 이와 달리 일본에서는 '프로시민(プロ市民)'이라는 말이 있듯 정치변혁을

촉구하는 시민 파워를 바라보는 국민의 냉담한 시선이 존재한다. 오히려 일본의 시민운동은 정권교체 같은 큰 이슈가 아니라, 일상생활과 밀착한 작은 과제 해결에 진가를 발휘하고 있다는 것은 한일비교사회학에서의 상식이다.

이러한 상황의 배경에 무엇이 있을까? 나는 한국의 '시민' 연원은 유교적인 '사대부'에 있다고 생각한다. 역사적으로 근대이행기에 사회의 '양반화'도 진행되었다. 양반이란 전통적인 유교적 지배층이다. 이와 달리 일본의 '시민' 연원은 에도(江戶) 시대 농촌의 '자치'에 있다고 생각한다. 근대에서 사회의 '중간계층화'가 그것을 일반화했다. 반대로 말하자면 한국에는 법적 '자치'의 개념이 희미하나 이것은 중앙집권적인 왕조체제의 영향 때문일 것이다. 그리고 일본에는 도덕 지향적인 '반권력'의 개념이 희미하나 이것은 봉건체제가 남긴 풍습의 영향일 것이다. 전근대가 왕조사회(조선)인지, 봉건사회(일본)인지의 차이가 크다.

이렇게 생각하면 "현대 사회를 만드는 데 무엇이 가장 중요한 지표가 되었을까?"라는 질문에 대해 한국은 왕조(유교적) 전통에 의해 '도덕'이 가장 중요했다고 할 수 있고, 일본에서는 봉건적(비유교적) 전통 때문에 '법'을 가장 중요시했다고 할 수 있을지 모른다. 이 의견을 뒷받침하는 사실로서 한국 사회에서는 반도덕적 행위에 대한 혐오가 가장 강하지만, 일본 사회에서는 반헌법적 행위에 대한 혐오가 가장 강하다는 사실을 들 수 있을 것이다. 자치는 "우리가 만든 규정을 지킨다"는 생각에서 성립한다. 하지만 도덕은 법이나 합의에 따라 일단 형성된 안정성을 돌파할 수 있는 힘이 있다.

근대 일본의 경우, 대일본제국헌법하에서도 이미 법실증주의 사고방식이 강했으며 강력한 관료기구가 이를 지지했지만 민주주의의 기능이 불완전해지는 사태가 계속 발생했다. 민의(民意)가 관료에게 차단되고 말기에 정치에 반영되기 어려운 것이다. 이와 달리 한국에서는 도덕 지향적인 멘탈리티가 강하기 때문에 "더럽혀진 현실 역사보다도 이상적인 가상도덕역사(Virtual history) 쪽이 중요하다"는 주자학적 역사관의 전횡이 침투함으로써 민주주의(한국에서는 이를 도덕적 이상을 실현하는 시스템이라고 생각한다)에 대한 믿음이 과잉화됨과 동시에 그에 대한 깊은 실망이나 절망도 동시에 진행된다.

물론 일본에도 한국에도 다양성이 있기 때문에 개개인이 모두 그렇게 생각하지는 않지만, 큰 흐름으로서 이러한 경향이 있다는 것이 나의 가설이었다.

하지만 2014년 당시 아직 이 가설에 대한 반응은 좋지 않았다. 현대 한국을 연구하는 일선 학자들이 모이는 학회에서 발표했는데 명쾌한 긍정적인 반응을 얻지 못했다. 즉 당시 일본에서는 "한국은 도덕을 중시하고 일본은 법률을 중시한다"는 주장을 갑자기 받아들이지 못했을 것이다.

그런데 그 후 몇 년이 지나 이러한 인식은 일본 사회에서 점점 일반화되었다. 이젠 연구자나 언론인도 이러한 인식을 거의 공유한다. 그뿐만 아니라 일본 사회도 한국 사회도 최근 몇 년 동안 나의 가설을 받아들였다고 말할 수 있다. 인터넷의 댓글을 보면 "일본은 법을 중시하고 한국은 도덕(정의라는 이름의 독선적인 국민감정)을 중시한다"는 인식이 넘친다. 이제는 아주 평범한 일본인이 갖는 인식이 되었다고 해도 좋다고 생각한다.

한국의 법조 능력은 높다

하지만 이러한 인식을 쉽게 일반화해 버린다면 큰 문제가 발생한다. 나는 당초에 "일본에서는 법을 중시하고 한국에서는 도덕을 중시한다"는 인식을 내세웠지만, 이 경우엔 한국을 멸시하거나 경시하는 시선은 없다. 그런데 일본의 혐한파는 이러한 인식에 근거하여 한국을 멸시한다. 이것이 위험하다.

무엇이 다른가?

"한국에서는 도덕을 중시한다"고 말할 경우, 법은 도덕이 간단히 깨뜨릴 수 없다. 즉 도덕과 법 사이에 긴장 관계가 없지는 않다. 오히려 강한 긴장 관계가 있다. 그러니까 도덕이 법보다 강하기 때문에 깨질 수 있다. "일본과 달리 한국 민주주의는 법을 경시하므로 수준이 낮다"고 단순히 생각하면 위험하다.

무엇이 위험할까?

한국이 일본산 수산물에 수입 규제를 하는 문제에 관해 WTO(세계무역기구)에서 2019년 4월 일본이 한국에 참패한 사실을 떠올리길 바란다. WTO 상급위원회는 WTO 협정을 위반했다는 이유로 1심의 판단을 취소했다. 이러한 상황을 맞이하여 한국은 후쿠시마 주변 8개 현 전체에서 생산된 수산물에 대한 수입 규제조치를 지속했다.

물론 일본 정부는 한국의 실력을 업신여기며 일본의 완승을 확신했다. 그런데 뚜껑을 열어 보니 결과가 일본의 입장에서 굴욕적이라고 할 수 있는 상황이었음은 우리가 모두 알고 있다.

한국은 법을 경시하기에 법에 어두울까? 그렇지 않다. 한국의 법적 교섭력은 글로벌 스탠더드에 대조해 보면 매우 높은 수준이다. 일본 정부나 보수파는 징용공이나 위안부 문제에 관해서도 국제사법재판소 등의 법적 판단에 맡기면 일본의 주장을 반드시 인정할 것이라고 생각할지도 모르지만 안이한 생각이다. 오히려 일본이 완패할 가능성까지 있다. 왜냐하면 일본의 법률 정신보다도 한국의 법률 정신 쪽이 훨씬 앞서기 때문이다.

일본 법조계의 글로벌화에 오랫동안 노력해 온 어떤 분으로부터 "홍콩이 2019년부터 이듬해까지 민주화 시위로 인한 혼란에 빠졌기 때문에 한국이 가장 많은 이익을 얻었을지도 모른다"는 이야기를 들었다. 미국의 변호사 사무소 대부분은 지금까지 아시아 거점을 싱가포르와 홍콩에 두었으나 싱가포르와 서울로 변경

하려는 움직임이 있다고 한다. 도쿄는 완전히 무시당했다고 한다. 변호사의 영어 실력을 포함한 압도적 능력 차이와 글로벌한 법사상의 흐름에 일본의 법조계가 너무나도 둔감하기 때문이다. 한 마디로 일본 법조계는 국내에서만 통한다. 이것은 매우 중대한 움직임이라 말할 수밖에 없다.

법에 보수적인 일본, 혁신적인 한국

예를 들어 역사적 의미에서 기득권을 가진 쪽인 일본이 한일기본조약과 청구권 협정, 위안부 합의에 대해 "합의는 지켜야 한다(Pacta sunt servanda)"고 원칙론만 주장해봤자 질 수밖에 없다.

더욱이 위안부 문제에 관해 한국 지방재판소가 내린 판결에 '주권면제 원칙(외국의 주권행위에 대한 손해배상은 인정하지 않는다)'만 주장해봤자 질 때는 지기 마련이다.

2021년 1월 서울 중앙지방재판소는 위안부 피해자가 제기한 소송에서 일본 정부에 대해 원고 한 명당 1억 원의 위자료를 지불하라는 판결을 내렸다. 일본 정부는 항소하지 않았으므로 판결은 확정되었다. 그런데 그해 4월 다른 위안부 피해자가 낸 소송에서 지방재판소는 주권면제를 이유로 소송을 기각했다. 일본 내에서는 이 4월의 판결이야말로 상식적이고 당연한 판단이라는 목소리가 압도적으로 많다. 그것은 충분히 이해할 수 있다. "합의는 구속한다"거나 '주권면제'라는 국제법상의 대원칙이 매우 간단하게 무시당한다면 세계의 법적 안정성이 크게 훼손되기 때문이다. 그러니까 징용공 판결이나 위안부 판결에 대해서 일본인이 "한국의 법의식은 잘못되었다", "한국에는 법치 개념은 없는가?"라는 식으로 비난함은 정당하다.

하지만 나는 또 다른 시선도 가져야 한다고 생각한다. 왜냐하면 만약 일본이 국제적으로 충분히 존경받는 국가가 되고자 하면 정부도 법률가도 전문가도 "주권면제야말로 유일한 해법"이라고 소리 높여 합창할 뿐 아니라, "이 판결에서는 두 나라 사이에 관해 도대체 어떠한 법적·사상적 의미를 갖는지를 묻는다"는 질문에 대해 포용적 견해를 밝혔어도 좋았을 것이다. 즉 위안부 피해자인 원고 및 2012년 1월의 서울 지방재판소 판결은 도대체 무엇을 호소하고, 무엇을 말하려고 한 '사상'이었는지에 대해 오만하게 거부하지 않고 함께 생각하는 자세를 조금이라도 보여줄 여유가 필요했다. 한 마디로 그러한 여유를 잃고 '주권면제'만을 앵무새처럼 외치는 일본 정부의 모습에 고도로 세련된 지적 관리방식을 할 수 있는 능력을 전혀 느낄 수 없었다.

이건 매우 안타까운 일이다.

왜 그런가? 세계는 지금 법적 안정성이라는 의미에서 접근해도 대격동기이기 때문이다. 19세기에서 20세기 전반에 걸쳐 지배와 피해를 받은 쪽이 이젠 정의를 되찾으려고 하는 조류가 전세계적으로 전개되는 중이며 국제사법도 그러한 움직임에 호응하고 있다. 즉 법의 지배가 이젠 "정의의 회복"이라는 메가 이슈를 둘러싸고 공방을 벌이고 있다. 이것은 정치학, 정치사상, 법학 등의 세계에서 '전환기정의'라고 부르는 개념과 연결된 움직임이다. 독재나 강권지배나 분쟁 상태에서 해방되는 과정에서 어떤 나라든 통치권력이 엄청난 인권유린이나 폭력을 행사했다. 그 희생을 그대로 두지 않고 과거에 짓밟힌 인권의 회복을 지향하려는 개념이 '전환기정의'이다. 정의를 되찾을 때 정치나 법을 도덕적 요구에 호응할 수 있는 존재로 바꿔야 한다. "법의 도덕화"라는 현상이 전세계 규모로 발생하고 있다. 이것은 한국인이 가장 만족해 하는 방향이다. 일본인도 인지능력을 단련하여 세계에서의 새로운 법적 질서가 생성되는 현장을 바라보고, 거기에 주체적으로 참여해야 한다. 만약 그것이 불가능하다면 일본은 '주권면제'라는 낡은 관념만에 얽매인 수구 세력으로만 인식될지도 모른다.

불평 불만 국가

이러한 문제들에는 한국의 국가정체성이 깊이 관계하고 있다. 한국인이 자기들의 나라를 어떻게 규정하려고 하는지를 우리는 제대로 분석해야 한다.

'그리번스(Grievance)'라는 단어가 있다. '불만', '불평', '고충'이라는 의미인데 이 단어가 지금 매우 중요한 개념이다. 무엇에 대한 불평불만인가? '근대'에 대한 불평불만이다. 근대라는 시대에 유럽과 미국과 일본이 세계를 거의 독점했다. 19세기부터 20세기 전반에 걸쳐 식민지 지배, 세계전쟁, 자연소멸, 산업자본주의, 과학기술 따위로 인류의 생활을 근본적으로 바꿔버린 주역이 서구와 일본이었다. 이 "저주받은 근대"에 대항하는 사상과 힘이 '대항근대'라고도 불러야 할 형태를 띠고 서구와 일본이 아닌 지역에서 세력을 확대하고 있다.

한국은 전후 식민지에서 독립하여 선진국이 된 국가들의 선두에 서 있다. 원래대로라면 엄청난 희생과 노력을 해서 발전한 사실에 대한 큰 자신감과 선진국으로서 책임, 그러니까 기본적으로 국제법이 규정한 질서를 지키고 "합의는 지켜야 한다", '주권면제' 원칙을 중시하며 책임감을 갖고 행동해야 한다.

하지만 한국은 선진국으로서 책임을 지고 행동하느냐(즉 근대를 지향하는가?), 아니면 '불평불만국가'로서 선진국에 호소해야 하는지(근대를 비판하느냐?) 크게 고민하고 있다. 식민지배의 '피해자'로서 옛 제국주의 세력과 같은 진영에 들어간 상황을 떳떳하게 여기지 않는다.

한국은 글로벌한 정의의 쪽에 서고자 한다

특히 문재인 정권은 '불평불만 국가'인 측면만 의식하여 이제 한국도 서구와 일본처럼 자본주의의 선두에 서서 타국을 경제적으로 착취하고 자연도 파괴하는 현실을 보려고 하지 않으면서 식민지 지배로 입은 상처를 호소하는 반제국주의 국가로서 '불평불만 국가집단'의 대표가 되겠다는 야심을 품었다. 그렇기 때문에 '한강의 기적'처럼 한국이 경제발전을 이루는 과정에서 일본의 도움을 많이 받은 사실을 완전히 무시하고 위안부 문제를 세계적 여성 인권 문제로 만들려고 한다.

반제국주의를 표방하는 '불평불만 국가'가 "합의는 지켜야 한다"는 국제법을 지킨다면 일본과 서구가 제국주의 시절에 저지른 지배와 착취를 긍정한다는 의미가 되기 때문에 영웅 같은 자세로 과거에 그들이 저지른 '악법'과 '악조건'을 적극적으로 부정해야 피해국을 대표할 수 있다고 생각한다. 예를 들면 반일 내셔널리즘의 이슈인 위안부 문제는 이제 전시 여성의 인권유린 문제로서 글로벌한 정의, 인권운동이기도 하다. 분명 한국의 진보세력은 한국을 글로벌한 정의 회복의 영웅으로 만들려고 했고 아마도 일정 수준 성공했을 것이다.

한편 아베 정권 및 스가 정권은 불평불만 국가인 한국을 잘라내려고 거절의 메시지만 보냈다. 이래서야 당연히 접점이 사라진다.

접점이 사라짐으로써 일본과 한국 둘 중 누가 곤란할까? 물론 양쪽 다 곤란하다. 특히 일본은 21세기에 한국이라는 이해자를 잃고 한반도 전체를 적으로 만들면 철저하게 몰락하리라 예측된다. 특히 일본은 차세대 인재 육성에서 실패했다. 글로벌하고 우수한 인재 양성이라는 분야에서는 일본은 중국은 물론이요, 절대적으로 한국의 상대도 되지 못한다. 이것은 내가 대학교라는 현장에서 실감하는 현실이다. 이미 전혀 승부가 되지 못한다. 인류 전체의 평화와 정의를 위해 지금 자신이 전력을 다해 무엇을 해야 할까? 자국이나 세계를 바꾸기 위해 지금 자신은 어떠한 능력을 키워야 하느냐는 근본 문제에서 일본의 대학생은 한국에 비해 너무 뒤처졌다.

자기와 세계를 매개하는 '국가'나 '사회'라는 항목이 일본의 젊은이에게는 존재하지 않기 때문이라 생각한다. 젊은 일본인에게 '국가'나 '사회'라는 현실이 없는 이유는 학교와 언론과 가정이 그러한 요소를 보지 못하게 했기 때문이다. 특히 국가는 존재감이 거의 없다고 해도 좋다. 그와 달리 한국에서는 학교와 언론과 가정에서 집요하게 국가의 존재를 강조한다. 징병제를 통해 남성은 국가에 군사적 봉사를 해야 하는 점이 크다. 어렸을 때부터 애국심을 항상 선한 요소로 주입받는다. 개인이 글로벌한 가치와 매개체가 없이 마주하지 않고, 국가가 항상 매개체로서 존재한다. 그 부분이 일본과 한국의 차이이다.

나는 혐한파의 주장이 공포(空砲) 같다는 느낌을 받는데 이러한 근거 없는 자신감은 도대체 어디에서 왔을까? 법적, 도덕 지향적으로도 한국의 현실 변혁운동이 세계에 호소하는 힘을 무시하면 안 된다. 근거가 전혀 없는 과신은 일본 침몰을 앞당길 뿐이다.

'땅콩 회항' 사건

한국 사회가 품은 거대한 문제 중 하나로 '재벌'이라는 존재의 폭력적일 정도로까지의 자기중심적 행세가 있다. 재벌은 한국이 경이적 경제성장을 맞이하여 선진국으로 밀고 나가기 위해 절대적으로 필요한 장치였다. 하지만 그것은 '개발독재'라는 구시대의 압도적 자원집중의 폭력성과 나란히 달리는 장치였다. 그러니까 개발독재 시대가 끝나면서 어떤 의미에서 역할을 마쳐야 했다. 특히 진보적인 정치가나 지식인들로부터 철저하게 비판을 받았다. 하지만 한국인 대다수는 예를 들어 삼성이나 LG, 현대 같은 재벌이 없었다면 중국이나 일본과의 혹독한 경제경쟁에 승리할 수 없다는 의식도 갖고 있다. 그런 의식의 존속이 재벌기업의 병리를 오래 지속시켜 왔다고 말할 수도 있다.

그런 병리의 일부를 엿보게 한 사건으로서 예를 들면 2014년 12월에 발생한 이른바 '땅콩 회항' 사건이 있음을 기억하는 사람이 있을지도 모른다. 한국의 국적 항공사인 대한항공의 조현아 부사장이 자사의 비행기를 탔는데, 승무원이 땅콩을 서비스하는 방식이 마음에 들지 않는다는 이유로 격노하여 비행기를 출발 공항으로 억지로 회항시킨 사건이다. 이 사건은 일본의 '혐한파' 및 "그냥 한국에 위화감을 느끼는 평범한 일본인"의 관심을 강하게 끌었다.

"재벌은 대한민국에 속한 기업인가?", 아니 그렇지 않고 "대한민국이라는 국가는 재벌이 지배하는 단체에 불과하지 않은가?"라고까지 생각하게 하는 오만한 행세를 재벌은 일상처럼 해왔다. 그런 사실에 국민은 늘 애가 탄다. 그 애탐의 한가운데에

'땅콩 회항'이 발생했다.

대한민국 정부가 이를 용서할 리가 없었다. 당시 박근혜 대통령은 기를 쓰고 이 문제를 '재벌=악'이라는 도식 아래 처리하려고 했다. 당연히 국민은 그것을 지지했다. 조현아 부사장은 언론 앞에 죄인처럼 무참한 모습을 드러내야 했다. 언론의 카메라 앞에서는 당당한 인간적 자세를 취하는 것마저 허용하지 않았다. 하지만 그 와중에 풀이 죽어 용서를 구걸하는 듯한 그녀의 모습이 그녀의 심정을 그대로 표현한다고 생각하는 한국인은 한 사람도 없었을 것이다. 박근혜 대통령(당시)도 조현아 부사장이 반성한다고 조금도 생각하지 않았다.

가속도가 너무 강해 사고가 정지되었다

박근혜 대통령의 생각은 이러했을 것이다. '대한민국의 얼굴에 먹칠하는 행위는 절대로 용납할 수 없다. 대한항공이 대한민국이라도 되는가? 대한항공의 일개 부사장이 대한민국의 대통령 얼굴에 먹칠을 하는가? 나는 이렇게 결백하고 겸손 그 자체의 모습으로 국민으로부터 사랑받고 정의와 사랑에 살고 있는데도(이것이 박 대통령의 자기인식이었다) 재벌은 국민을 괴롭히고 마치 이 나라의 왕이라도 되는 듯이 행세하여 세계에 망신살을 뻗치고 말았다….'

한국 국민은 최근 20년 사이에 이 나라의 역사상 첫 경제적 풍요로움을 누리면서 이 사회에 대한 원망을 증폭하고 있다.

재벌이 글로벌한 수익을 거두었고 그 덕분에 한국인의 삶이 윤택해졌지만, 사람들은 재벌이 여러 악의 근원이라며 증오하고 비난한다. 고학력 청년 대부분이 재벌에 입사하고자 필사적으로 노력하고 있음에도 불구하고 젊은이들이 인터넷에 재벌을 향한 비난을 퍼트리고 있다.

어떤 사회는 속도보다 오히려 가속도가 규정한다. 1960년대부터 50년 이상 이상하리만큼 속도를 강렬하게 올린 한국 사회에서도 사람들은 이미 정상적으로 판단할 수 없게 되었는데 30년 동안 속도가 안 올라 아무것도 생각하지 않게 된 일본 사회와 정반대로 사고가 정지되었다. 한국 사회는 속도를 너무 올렸기 때문에 무언가 생각을 하려고 해도 토대를 오래 유지하지 못한다. 그러한 의미에서 한국은 사고가 정지되었다.

대통령도 부사장도 애가 탔다. 무언가를 생각하려고 멈추고 싶지만 허용되지 않는다. 하지만 그것은 대통령이나 부사장만의 모습이 아니다. 사실 한국 국민 대부분이 그들과 같은 처지에 있다. 원상태로 돌아가고 싶어도 돌아갈 수 없다. 움직이는 비행기를 되돌리면 죄인이 된다. 대통령도 마찬가지다. 어찌됐든 대한민국이라는 비행기를 계속 띄워야 한다. 차례차례 발생하는 불상사 때문에 이 나라를 역회전시킬 수는 없다.

02 진짜 권력을 쥔 존재

왜 자신과 여유를 가질 수 없을까?

하지만 한국 사회는 최근 수십 년 동안의 강력한 가속도 덕택에 일본보다 훨씬 빠르고 다양한 발전을 이룩해 오지 않았던가? 2020년 1인당 GDP는 구매력 평가환산으로 말하자면 일본이 4만 1637달러, 한국은 4만 4292달러였다(IMF조사). 재화 유통량에서 보자면... 말하자면 이제는 일본과 한국에는 차이가 없을 뿐만 아니라 한국이 웃도는 상태이다.

어째서 한국 사회는 그런 사실에 근거한 자신감과 정신적 여유를 보여주지 못할까? 어째서 언제까지나 옛날 고도성장 시대의 구호인 '빨리빨리' 같이 여유가 없고 다급한 모습을 보여주고 있을까?

다양한 각도를 통해 그 점을 설명할 수 있다. 순수한 경제 문제일 수도 있을 것이다. 즉 언뜻 보기에 한국 사회는 풍요로워진 듯 보이지만 사실 빈부격차의 문제가 심해지고 있다. 복지도 정비하지 못한 가운데 고령화가 급속도로 진행되는 중이다. 우수한 중소기업이 적기 때문에 비틀어진 산업구조가 계속 시간이 지나도 개선되지 않고 있다….

하지만 지금 우리는 그런 표면적 문제가 아니라 좀 더 깊숙하게 들어가서 한국 사회의 본질에 관한 문제를 추적하자. 애당초 한국은 역학적으로 어떻게 전통사회에서 현재의 모습으로 발전했으며 그 역학은 어떤 특징과 문제점을 갖고 있을까? 독자 여러분께서 이해하시기 쉽게 일본과 비교하면서 설명하겠다.

대통령을 통제할 수 있는 힘

도대체 누가 이 나라를 이끄는 '주역'일까?

재벌인가? 겉으로는 그렇게 보이기도 한다. 삼성이나 현대는 명확히 한국을 이끄는 주요 플레이어이다. 하지만 사실 재벌은 어처구니없는 행동 때문에 국민으로부터 존경을 얻지 못했다. 문재인 같은 진보정권뿐만 아니라 실은 그 전의 박근혜 보수정권 때부터 재벌의 전횡을 억제하려고 했으며, 2014년 '땅콩 회항'사건의 경우처럼 정부는 여차하면 재벌을 통제할 수 있다.

그렇다면 대한민국의 주역은 역시 대통령인가?

그렇지 않다. 청와대를 통제할 수 있는 세력이 한국에 존재한다.

그 세력이란 '시민'이라는 사람들이다. 예를 들면 위안부 문제를 보도록 하자. 이명박 대통령 때까지 한국 정부는 이 문제에 관해 일본 정부와의 접점을 찾아 다양한 노력을 해 왔다. 하지만 한국 정신대문제대책협의회(약칭은 정대협)라는 시민운동단체가 모두 저지했다. 역대 정권은 이 단체의 힘을 누르지 못했다.

2020년 이 단체(정의련, 즉 '정의기억연대'로 명칭을 바꿈)의 대표였던 윤미향이 여러 부정을 저지른 사실이 밝혀졌다. 윤미향과 정대협은 아무한테도 저지받지 않고 그러한 부정행위를 할 만큼 강력했다.

위안부 문제에서 이 정대협이야말로 진정한 권력을 계속 쥐고 왔으며 국가의 중심 의제를 마음대로 조종해 왔다는 의미에서 여기에 대한민국 권력의 원천이 있다고 해도 좋을 정도이다. 이것이 이 나라의 시민의 힘이다.

03 한국 시민은 어떻게 탄생했을까?

군인형 엘리트에 대한 대항축으로서

한국의 시민이란 무엇일까? 이 의문에 대해 제1장에서도 간단히 다뤘지만 여기서 더욱 상세히 서술해 보자.

일본어와 한국어는 '시민'이라는 어휘를 공유한다. 발음도 같은 '시민'이다. 하지만 실은 한국과 일본에서 이 단어가 가리키는 문화사회적 함의[Connotation]는 꽤 다르다.

이 점을 이해하기 위해 역시 역사적 경위를 이해할 필요가 있다. 제1장에서 말했듯 한국은 건국 후 엘리트로부터 민중으로(1980년대), 민중에서 시민으로(1990년대)라는 변화를 경험했고, 이 1990년대에 글로벌화를 추진했다고 할 수 있다.

1980년대까지 한국은 엘리트 중심의 사회라고 할 수 있다. 단 이 경우의 엘리트에게는 크게 구분해서 세 가지 유형이 있었다. ①유교 전통에 따라 고학력 인문 교양을 지닌 사대부형, ②식민지 통치의 영향을 받은 테크노크라트(기술관료)형, ③같은 식민지 시대의 영향을 받은 군인형이 있다.

예전에 다나카 아키라(田中明)가 지적했듯이 ③군인형을 엘리트라 규정함은 조선왕조 시대로부터 이어진 문인 우위의 사회에서는 매우 이례적인 것이었으며, 그런 의미에서 박정희 대통령(임기 1963~1979) 시대부터 전두환 대통령(임기 1980~1988) 시대까지는 '예외'의 시대였다고 할 수 있다.

그리고 아마 1960년대 이래 ③군인형이 엘리트로서 정치적인 지배를 한 사실이 그 후 한국사에서 사회변혁의 주체를 규정하는 큰 요인이 되었다. 이 역시 다나카 아키라가 지적했는데, 군사독재정권 시대의 저항운동이 설령 그리스도교 계열의 인사가 주도한 것이었다고 해도 근본의식은 유교 사대부의 의식이었다.

하지만 1980년대 들어 한국에서는 민중이라는 개념이 사회의 전면에 등장하여 노동운동이나 진보적인 세계관과 합체하여 사회변혁의 중심 주체가 되었다. 격렬한 민주화운동은 유교 사대부의 저항의식과 그 의식의 영향을 받은 민중의 변혁주체성이 합쳐져 완수되었다. 단 1990년대 들어 급속히 후기 자본주의화가 진행된 한국에서는 민중의 도덕저항주체성에 대해 소비경제와 연결된 대중의 등장이 현저한 현상으로서 주목을 받았다.

그대로 민중이 역사의 뒷면으로 후퇴하고 후기 자본주의적 대중지배의 시대가 되는가 여겨졌으나(일본은 그렇게 되었다) 한국에서는 그렇게 되지 않았다. 사회의 도덕 지향성이 매우 강했기 때문이다.

시민은 이러한 궤도 위에 출현했다고 생각된다. 즉 군인 엘리트에 대항하여 사대부 및 민중의 의식이 변혁의 주체로서 나타났으나, 민주화 이후인 1990년대에는 민주화의 달성을 비웃듯이 후기 자본주의적인 대중이 힘을 갖기 시작했다. 그것을 도덕적으로 억누르는 형태로 이번에는 시민이 나타났다. 김대중 정권(임기 1998~2003)부터 노무현 정권(임기 2003~2008)에 걸친 시기의 사건이었다.

그러므로 한국의 시민이란 "정통이 아닌 친일 군인독재지배"를 타도한 "정통인 사대부·민중"의 연장선상에 있는 정통파로, 시민이 권력을 장악하지 못하는 한 부도덕한 비정통파가 주도권을 잡고 만다는 유교적 역사관이 강하기 때문에 권력 지향성이 두드러진다. 그리고 나중에 서술하듯 한국의 사대부 의식은 "우리만이 왕의 잘못된 판단을 시정할 수 있다"는 생각을 갖고 있으므로 "정권의 잘못된 정책이나 판단을 소리 높여 비판, 규탄해서 고친다"는 정치 행위에 매진한 셈이다. 한국인이 흔히 하는 "우리나라의 시민은 권력이다", "시민은 정부보다도 강한 권력이다"라는 말은 이 점을 가리킨다.

물론 일본에도 시민은 있었고 현재도 있다. 하지만 일본에서의 시민이라는 단어가 가장 사회적 영향력을 가진 시기는 1950년대부터 1970년대일 것이다. 90년대 이후에는 반대로 '프로 시민'이라는 단어도 탄생하여 정치활동을 하는 시민을 야유하고 냉담한 시선으로 보는 논조도 인터넷에 나타났다.

일상생활에 깊이 관계하는 이슈에 관해 시민의 감성이 미세하게 작용함으로써 세세한 수준에서의 정치·행정·사회가 수정된다는 의미에서 일본 시민의 힘은 크다고 말할 수 있을 것이다. 하지만 거기에는 한 나라의 정치 전체를 움직이자는 사대부적 지향성은 거의 찾아볼 수 없다.

사회 전체의 사대부화

한국과 일본에서 시민이라는 개념의 이러한 차이는 근대 사회를 형성해 온 과정의 차이에서 출발하는데, 그 상호 차이의 연원을 양국의 역사에서 찾을 수도 있다.

앞서 말했듯이 역사적으로 말해서 한국 시민의 연원은 유교적인 사대부에 있다. 조선왕조에서 사대부야말로 왕의 정치를 비판하고 수정할 수 있는 최대의 세력이었다. 유교통치는 "도덕적 이(理)를 현실 사회에 실현'하려고 하지만 이 '이'를 가진 존재가 꼭 왕이라고 할 수 없다. 사대부들은 오히려 '사대부만 이를 가졌으며 왕은 이에서 일탈하려는 성향이 강하니까 사대부가 이러한 성향을 고쳐줘야 한다'고 생각했다.

물론 조선 정계에는 왕의 권력보다 사대부의 권력을 중시하는 노론과 왕의 권력을 더욱 중시하는 남인의 대립이 있었고 왕과 사대부의 관계규정은 다양했다. 하지만 실제로 조선왕조에서는 사대부가 실제 정치를 움직였다는 사실은 움직일 수 없다.

근대이행기에 한국에서는 "사회 전체의 사대부화"라고도 해야 할 현상이 발생한 사실도 중요하다.

이와 달리 일본은 1장에서 말했듯 '자치'가 시민의 연원이 아니었을까? 이 경우의 자치라면 무로마치 시대부터 에도 시대까지 봉건 체제 안에서 농민이 농촌에서 지배층(무사)의 원격 통치를 받으면서 했던 자기통치를 가리킨다. 지배층은 농촌에 상주하지 않기 때문에 농민들은 자기들의 대표인 쇼야(庄屋)와 기모이리(肝煎)를 통해 어느 정도 자치를 했다. 이 자치에서 가장 중요한 것은 "규정을 지킨다"이기 때문에 한 번 결정한 규정을 아무도 깨뜨릴 수 없었다.

일본의 근대에도 이러한 봉건체제의 흔적이 남아 있었다. 일본인은 반권력적 지향성이 약하고 법을 금과옥조처럼 준수하려는 경향이 있다는 평가를 받는다. 도덕은 법의 벽을 쉽게 돌파할 수 없다. 이러한 사고가 근대 이전 사회의 '전체 중간층화'에 반영되었는데 봉건자치의 연장선상에 있는 의식이라고 할 수 있다.

한국은 반대로 근대까지 왕조체제의 흔적이 남았다. 한국인은 반권력적 성향이 강하고 법보다 도덕을 우월하다고 여기는 경향이 있으나 자치관념이 희미하고, 한번 결정한 사항을 지키는 것보다 자기보다 위에 있는 인간이나 조직에 끊임없이 정당한 불평, 불만과 요구를 하는 지향성을 갖고 있다.

다르게 표현하면 자치형인 일본 사회에는 '외부'가 없으나 반자치형인 한국 사회는 항상 '외부'를 향해 계속 요구하는 경향이 있다.

민주주의란 '도덕적 사회를 실현하기 위한 과정'

현대 사회를 만들기 위해 가장 중요한 지표[Merkmal]는 무엇인가? 그리고 한국과 일본 사이에서 이 문제에 관해 무엇이 다를까? 1장에서 했던 말을 더 깊게 생각해 보자.

한국의 경우, 도덕이 가장 중요했다. 그리고 이것은 유교 전통에 근거했다. 만약 그렇다면 한국 사회에서는 '반도덕 행위'에 대한 혐오가 가장 현저히 표현된다고 설명할 수 있다.

이와 달리 일본에서는 법이 가장 중요했다고 생각된다. 그리고 여기에는 반유교 전통이 깊이 관계한다. 만약 그렇다고 하면 일본 사회에서는 반도덕적 행위보다도 오히려 '반준법 행위'에 대한 본능적인 혐오가 가장 현저히 나타난다고 설명할 수 있을 것이다.

이 점에 입각하면 이렇게 말할 수 있다.

일본에서는 법실증주의적 의식이 메이지 시대부터 강하게 뿌리내렸다. 이것이 관료지배를 아래에서 지탱하게 되었다. 법보다 상위의 개념은 없으며 그 법을 관료가 해석하고 또 입법을 실증적으로 통제하기 때문이다. 이러한 사실 때문에 확실히 서양에서 온 법치라는 개념은 일본에 제일 먼저 침투했다. 하지만 그러한 사실과 반대로 민주주의의 기능부전(관료지배)이라는 현실이 심각하게 초래되고 말았다.

이와 달리 한국에서는 도덕 지향 의식이 조선왕조 이래 사회에 뿌리내렸다. 이것은 법의 절대화를 싫어하는 경향이며 법보다 상위에 위치하는 도덕이 가장 중요하다는 개념이다. 역사인식에서는 사실을 경시하고 "이러해야 한다"는 가상도덕 역사[Virtual History]의 전횡을 초래한다. 이 점이 한국 사회에서의 민주주의에 대한 과도한 믿음과 실망이라는 현상을 초래했을 것이다. "민주주의란 도덕적 사회를 실현하기 위한 시스템이다"라고 과도하게 믿고, 그리고 항상 배신을 당한다.

이렇게 생각하면 한국 사회가 항상 강한 가속도를 받아 고속으로 변화하면서 대통령도 재벌도 국민도 항상 무언가를 겁내는 이유가 명백해진다. 그것은 "궁극의 도덕성"을 파악한 사람이 아니라면 이 나라에서 결코 높이 평가받지 못한다는 사실이며 '시민'이라 칭하는 단체가 도덕적 헤게모니를 쥠으로써 민주주의도 역사인식도 극도로 경직되고 만다는 사실로 인한 살기 팍팍함이다.

제3장 동학과 북학-다이너미즘의 동력

한국의 지식인이 안고 있는 부채

지난 장에서 한국의 변화 주체에 관해 설명했다. 다음으로 이번 장에서 변혁의 구동성에 대해 생각해 보자.

사회를 발전시키는 구동력으로서 합리성을 중시하는가 아니면 도덕성을 중시하는가? 극단적으로 말하자면 해방 후 한국의 역사는 이것을 둘러싼 투쟁이었다고까지 말할 수 있지 않을까?

한국 지식인은 흔히 이렇게 말한다.

"한국의 민주화운동은 우리가 피땀 흘려 달성한 귀중한 역사다. 하지만 나는 그때 목숨 걸고 민주화운동에 참여하지 못했다(할 수 없었다). 그러니까 목숨을 버리고 우리나라의 민주화운동을 이룩한 사람들에 대한 부채를 계속 안고 있다."

성실한 지식인이라면 꼭 이러한 말을 하고, 반대로 말하자면 이렇게 말하기에 사회에서 성실한 지식인으로 인정받는다. 그리고 이러한 인식은 역사를 거슬러 올라가 일본의 병합식민지 통치에 저항한 항일운동가들에 대한 '경의'와 '부채' 의식과 합체한다.

이러한 의식은 한국 사회에 살면 매우 당연한 일로 받아들이며 실제로 한국의 독립과 민주화를 위해 목숨을 바쳐 싸운 의사(義士), 열사에게 이러한 의식을 당연히 갖는다고 생각할 수 있다.

하지만 조금 더 냉정하게 생각하면 이러한 의식은 역시 도덕 지향적인 의식이라 할 수 있다. 도덕 지향적인 의미에서 항일운동이나 민주화운동이 훌륭한 행위였음은 일말의 의심도 없다. 하지만 물론 그것만으로 한국이 발전하여 현재와 같은 선진국이 되지 않앉을 것이다. 강권 지배를 하여 자유를 탄압한 군인 출신 정권이 개발독재라는 방식으로 한국의 근대화와 산업화를 추진했기 때문에 현대 한국의 번영이 있었다. 개발독재의 인권유린은 결코 옹호할 수 없지만 도덕적으로 올바른 세력이 역사를 발전시키지 않았다는 사실을 받아들여야 하지 않을까?

조선왕조에 대한 재평가

이 점에 관해 한국 사회에서는 항상 조선왕조를 어떻게 평가하느냐가 문제가 된다. 일본에서도 에도 시대에 대한 평가가 중요한 이슈지만 근대 이전의 국가 혹은 사회 상태를 어떻게 인식하느냐는 문제는 한국에서도 매우 중요하다.

박정희 정권 때는 조선왕조의 유교 통치는 일본의 식민지 사관(조선정체론)의 영향을 받아 철저히 비판받았다. 유교통치 때문에 종속정신, 비주체성, 공리공론, 지배층의 부패, 경제 정체 등이 왕조 전체에 침투했다는 생각이 근대화와 산업화를 지상명제로 여긴 박정희 정권 시대의 역사관이었다(덧붙이자면 북한 김일성 정권도 이와 완전히 같은 역사관을 가졌다).

하지만 1990년대 이래, 즉 근대화와 산업화를 어느 정도 달성한 후의 한국에서는 반대로 조선왕조를 긍정하는 논조가 우위에 섰다. 조선왕조의 유교 통치야말로 도덕적으로 올바른 이상적인 정치의 시대였다는 이야기가 한국 사회에 침투했다.

1980년대까지는 조선왕조의 지배층이었던 양반이라면 영화나 텔레비전의 코미디 방송 등에서 색을 밝히는 탐욕스러운 권력자로서 일반화해서 묘사하는 경우가 많았으나, 1990년대부터 그러한 묘사는 사라져갔다. 노론이라면 조선 후기에 정권을 좌지우지하여 주자학적 사상통제를 강화하고 비현실적인 북벌론(청을 타도하자는 주장)을 고집하여 왕조를 정체시킨 당파로 악명이 높았으나, 1990년대에는 서울대학교의 정옥자 교수 등이 선도하여 노론이야말로 유교 문인통치의 정수를 실현한 이상적인 당파라는 재해석이 이루어졌고 그런 역사관이 거의 정착했다.

또한 "18세기 후반의 영조와 정조 시대야말로 유교적 이상주의가 무르익은 조선왕조의 절정기였다"는 역사관은 이미 현대 한국에서는 흔들리지 않는 정설이 되었다. 최근 새로 만들어진 서울의 국립고궁박물관에서는 조선왕조에 대한 전면적 찬미를 전개한다. 이러한 조선왕실을 전면 긍정하는 평가에는 해외의 한국 역사드라마의 인기도 영향을 줬을 것이다.

단 정조의 통치가 끝나고(재위는 1800년까지) 1801년부터 조선은 격렬한 당파싸움과 왕의 외척이 권력을 사유화함으로써 이상적인 상태에서 부패로 향한 길로 굴러떨어졌다는 역사관은 현재도 공유하고 있다.

02 동학이라는 동력

청일전쟁을 낳은 '변혁사상'

이 '19세기 부패론'의 역사관은 19세기 후반에 최제우가 창시한 동학이라는 종교에 대한 긍정론으로 연결된다. 동학은 1894년 조선 남서부에서 일어난 갑오농민전쟁(옛날에는 동학당의 난이라 불렸다)의 계기가 되었고, 이 봉기에 참가한 많은 사람들이 동학을 믿었기 때문에 한국 근대사에서 매우 중요한 위치를 차지하게 된다. 즉 1894년의 봉기는 직접적으로 조선왕조의 지방 관료의 수탈과 부패에 대한 항의였으나 이 봉기와 외국(일본 및 서양)의 제국주의적 침략에 대한 저항이 연결되었다. 그리고 이 봉기가 결국 한반도를 무대로 하는 청일전쟁으로 이어졌다. 봉기부터 청일전쟁에 이르는 과정에서 몰락한 양반이나 농민을 포함한 다수의 조선인이 일본군·조선군·청군에 살해당했다(단 역사서술에서

학살의 주체는 오로지 일본군이다).

이러한 역사를 돌이켜 보면 동학이야말로 제국주의 침략과 부패한 정치를 타도하려고 한 매우 도덕적이고 고결한 사상이자 실천이었다고 평가할 수 있다. 이것이 식민지 시대의 항일운동, 그리고 해방 후 군인 출신 정권 시대의 민주화투쟁과 연결되어 한국의 도덕적 정통성의 일관된 선이 되었다. 좌절된 고결함을 향한 동경이 토대였다.

하지만 앞서 말한 조선왕조의 유교적 도덕성에 대한 긍정과 동학의 긍정은 모순되지 않을까? 즉 동학이라면 북한에서는 반봉건계급투쟁의 변혁사상으로 해석하고, 한국에서도 그러한 견해가 진보에서는 주류이다. 진보 세력이 어디까지나 유교는 반동사상이고 동학은 변혁적 사상이라는 오랜 공식적인 계급투쟁사관을 견지하고 있다면, 모순은 없다고 생각할 수 있다.

하지만 사물은 그렇게 단순하지 않다. 한국의 진보세력은 머리는 계급투쟁사관이지만, 마음은 유교적 도덕 지향성이 강하게 남아 있는 사람들이다. 따라서 극단 좌파가 아닌 한 동학을 높이 평가하는 축과 유교적 정통성을 사모하는 축을 모순으로 보지 않고 병존시키고 싶어한다. 그때 제국주의 비판이 나온다. 일본 제국주의의 침략 때문에 유교적 도덕성 및 동학의 혁신성 모두 폭력적으로 궤멸당하고 말았다. 유교와 동학의 사상은 다르지만 제국주의에 저항하는 지점은 같았다. 유교 전통에서도 동학적 혁신성에서도 한국의 자발적 발전의 길은 존재할 수 있었을 터였다. 하지만 일본 제국주의가 그것을 파괴했다. 대개 이러한 논리 때문에 많은 한국인은 유교와 동학이라는 양자를 동시에 긍정할 수 있는 길을 걸을 수 있다.

"자발적 발전의 길은 가능했을까?"라는 질문과의 관계

하지만 여기에 또 다른 축이 있다. 그것은 "유교 전통으로부터도 동학적 혁신성으로부터도 한국의 자발적 발전의 길은 있을 수 있었다"고 말하기 쉽지만, 그런 설명이 충분한 설득력을 가질 수 있느냐는 질문에 관련된다. 예전에 근대화가 한국 사회에서 가장 큰 이슈였던 시대에는 동학을 근대화 사상으로 해석했다. 그것은 주자학이라는 봉건반동 질서를 해체하는 기일원론의 혁명사상으로 평가했다. 확실히 최제우의 사상은 기일원론이 토대였고, 중국과 북한의 철학에서 "이는 반동이고 절대적, 기는 평등하고 근대적"이라는 절대적 도식이 고정화되었기 때문에 그것을 가져와서 "동학=기일원론=민중사상=평등=아래로부터의 혁명사상=반제국주의=반봉건"이라는 튼튼한 도식이 성립했다.

하지만 이것은 어디까지나 마르크스주의적인 도식이지 동학에서 그대로 근대가 나왔다는 설명이 되지 않는다. 무엇보다도 기술혁신이나 자본축적, 상공업의 발전 같은 기본적 사회변혁을 설명할 수 없다.

그런데 이윽고 한국도 근대화나 산업화를 충분히 달성하여 1900년대 후반부터 2000년대에 포스트모던에 돌입했다고 스스로 인식했다. 그와 함께 자발적 근대화라는 곤란한 주제는 어느새 잊혔다. 그처럼 어려운 주제는 사람들의 머릿속에서 아주 간단히 지워졌다. 그와 함께 동학은 어느새 근대가 아닌 포스트모던의 선구 사상으로 인식되었다.

03 북학이라는 동력

소중화사상을 내건 노론의 환상

포스트모던의 동학. 즉 근대적 인간중심주의, 환경파괴, 제국주의, 전쟁, 식민지주의 등을 극복하는 사상으로서의 동학. 이러한 해석은 매력적이고 또 시대에 딱 맞기도 했다.

하지만 그렇다면 한국 근대의 사상은 어디로 갔는가? 예전에 근대가 중대한 주제였던 시대에 한창 다뤄졌던 또 다른 사상자원이 한국에 있다. 그것은 '실학'이다.

'실학'이란 주자학적 공리공론이 아니라 현실 문제를 해결하기 위한 실천학문이다. 조선 후기의 이익, 박제가, 정약용(다산) 등이 대표 실학자이다. 식민지 시대의 정인보 등이 실학 연구의 중요성을 주장했고 해방 후 북한과 한국에서도 실학은 사상연구의 중심이었다. 1970년대부터 1980년대까지 "실학이야말로 한국의 근대화를 준비한 사상"이라는 명제는 절대적이었고 아무도 의심하지 않았다. 일본에서도 강재언 등이 한창 조선의 실학을 연구했다.

실학의 계보는 여러 가지가 있지만 나는 근대와의 관계에서 '북학파'가 가장 중요하다고 생각한다. 앞서 말한 '동학'은 "서양의 학문에 대항하는 동(조선)의 학문"이라는 의미인 데 비해, 이 '북학'은 "북쪽(청)을 배운다"는 의미이다.

북학파는 18세기 후반에 활약했는데 조선 정계에서는 17세기 중엽부터 노론이라는 당파가 절대적 힘을 발휘했다. 노론의 당시는 '북벌'이었다. 16세기 말에 도요토미 히데요시(豐臣秀吉)의 조선 침략에 대항해서 원군을 보낸 명이 피폐해져 17세기 초에 북방의 여진의 압박을 받아 결국 이자성이 일으킨 반란 때문에 멸망했다. 그 전에 조선은 1627년과 1636년에 여진이 건국한 후금의 침공을 받았고 1637년 조선 왕 인조는 지금의 서울 한강 남안에서 후금의 홍타이지(청 태종)에게 신하의 예를 취했다. 이후 조선은 후금(청)의 신하가 되었다.

노론이란 이러한 굴욕에 대한 복수를 기본방침으로 삼고 소중화사상을 명확히 내세운 당파였다. 즉 청을 세운 여진은 북방의 야만족이다. 그런 야만족이 명에 승리하고 조선을 신하로 삼았다. 조선은 명에 '재조지은(再造之恩, 도요토미 히데요시의 왜에 침략을 받아 궤멸 상태였던 조선을 명이 구해줬다)'을 입었다. 청은 야만인의 국가이기 때문에 중화(우주 문명의 중심)를 계승할 수 없다. 명의 중화는 가장 도덕적인 유교 국가인 조선으로 이동했다. 따라서 중화의 계승자인 조선이야말로 야만적인 청(북)을 쳐야 한다…. 이것이 노론의 논리였다.

물론 노론도 집권당이기 때문에 조선이 청을 따라야 하는 현실을 받아들였다. 하지만 그들의 이상은 어디까지나 북벌이다. 이리하여 집권자들은 현실에서 벗어난 환상에 젖은 국제 관계에 사로잡혔다.

청을 배우자

그러한 상황 속에서 18세기 후반에 북학파라는 집단이 출현했다. 홍대용, 박지원, 박제가가 대표 논객이었다. 북학파의 중추는 노론의 방류(불평분자의 모임)에서 나왔다. 그들의 주장은 이러했다. 확실히 청은 여진이라는 오랑캐가 세웠다. 하지만 청의 문명과 문화가 야만스럽다고는 할 수 없다. 여진은 이미 중화 문명을 배웠고 게다가 새로운 기술이나 문화를 발전시키고 있다. 국가의 정통성이 결여(야만인이며 명과 조선을 침공함)되었다는 이유로 언제까지나 원한을 품고 계속 청을 타도하려고 생각해 봤자 의미가 없다.

확실히 조선은 명에 대해서는 '재조지은'을 입었다. 하지만 명은 이미 멸망했다. 조선이 멸망한 명의 유교 문명을 계승했어도 현실적으로 청보다도 우월하지 않다. 조선에는 쓸만한 기술이 없고 배도 수레도 훌륭한 도로도 없다. 도로가 없으니까 교통도 발달하지 못했다. 이렇다 할 산업도 없고 상공업은 멸시받으니까 원시적인 상태에 멈춰 있다. 화폐도 유통되지 않았고 상점도 거의 없다.

조선은 청에만 뒤처지지 않았다. 조선통신사로서 일본에 간 사대부의 말로는 일본의 공업 기술은 현저히 발전하고 있으며 국가도 부유하다고 한다. 하지만 조선의 양반들은 그러한 현실을 일절 보려고 하지 않고 무위도식에 전념한다. 입을 열면 "우리나라의 문명 수준은 가장 높다"고 자랑하지만 청의 고도로 발달한 문명을 아무것도 모르기 때문에 그런 말을 한다….

이것이 북학파들의 동아시아 인식이었다. 그들은 모두 연행사로서 실제로 연경(지금의 북경)에 머무른 경험이 있으며 또한 청에서의 최신 문물의 견문을 정확히 공유했다. 그런데 청에서 보고 들은 것을 사대부들에게 알려 "이젠 우리나라도 청을 배워야 한다"라고 말하면 사대부들은 모두 들고 일어나 크게 비웃으며 "청에서 무엇을 배운다는 말인가?" 말한다. 박제가는 "우리나라의 사대부들은 모두 특수한 색안경을 쓰고 있으니 전혀 현실을 보지 못한다"고 탄식했다.

북학파는 단순히 당시 조선 사대부 비판만 하지 않고 상공업 진흥책이나 사회 기반산업 정비 등 당시에 생각할 수 있는 가장 광범위하고 발본적인 사회개혁안을 제시했다. 특히 제일 급진적이었던 박제가는 왕에게 조선 개혁안을 제시하여 실행을 요구했다. 하지만 북학파는 너무 급진적인 개혁과 당시 조선의 대청 인식과 너무 떨어진 인식을 제시했기 때문에 그들의 개혁안은 실행되지 못했다. 박제가도 결국 오늘날의 북한에서 가장 동북쪽에 위치한 지역에 유배되고 말았다.

04 동학과 북학의 각축

전근대화하는 포스트모던

내 생각에 만약 조선이 자발적 발전을 한다면 18세기 후반 시점에서 이 북학파가 주장하는 노선을 취해야 했다. 그것 말고 다른 방법은 없었다고 말할 수 있지만 주자학적 정통주의의 벽은 두꺼워서, 결국 북학파는 주자학 일변도의 노론파 내의 강경 주류 그

룹의 힘에 쓰러졌다.

이와 함께 약 1세기 후 조선왕조 말기에 출현한 개화파 또한 조선 근대화를 향한 강력한 길을 만들 수 있는 세력이었다. 하지만 이 개화파 또한 짧은 활동기간 끝에 좌절했다.

한국에서 근대화가 지상명령이었던 시절에 북학파나 개화파는 높은 평가를 받았다. 하지만 그 평가는 포스트모던 시대에 들어서자 급속히 시들었다. 이젠 한국에서 "한국이 자력으로 근대화할 수 있었는가?"라는 질문은 그 정도로 절실한 문제가 아니었다. 그보다도 '근대의 폐해' 쪽에 급속히 관심이 집중되어 북학파나 개화파보다 정통 주자학이나 동학 쪽에 의의를 찾는 담론이 늘었다.

과거 사상의 평가는 당연히 어느 정도 현재의 가치에 좌우된다. 그러니까 위와 같은 상황도 이해할 수는 있다. 하지만 여기에 또 한 가지 중요한 문제가 포함된다.

그것은 사회를 변혁할 때 무엇이 가장 중요하냐는 가치에 대해 한국 포스트모던은 전[pre] 근대로 돌아가고 있다는 점이다.

어떠한 의미인가? 애당초 근대란 한국에서 가장 해결하기 어려운 문제에 속했다. 이 문제에 제대로 답변하기 전에 한국은 탈근대를 맞이했다고 인식했다. 탈근대의 입장에서 근대를 비판하는 관점의 획득은 근대라는 어려운 문제[Aporia]를 아직도 해결하지 못한 한국 상황에 실로 안성맞춤이었을 것이다.

여기에 일본과 차이가 있다. 즉 한국의 탈근대는 근대라는 암흑시대(자발적 발전의 실패, 제국주의 침략, 식민지로 전락, 이데올로기에 따른 분단, 군사독재, 개인주의, 자연 파괴, 자본주의의 폐해…)를 도덕적으로 재단하는 성격이 강했다. 일본의 탈근대가 탈도덕적인 성향(경향일 뿐, 본질이 아니다)이었던 사실과 반대로 한국의 탈근대는 근대에 억압받은 도덕성의 완전한 부활이라는 측면이 있었다.

그러니까 이 관점에서 "근대화를 위해서는 도덕적 정통성이 아니라 합리적 세계관이 필요하다"는 한국의 사대부형 지식인 엘리트의 입장에선 가장 머리 아픈 명제를 교묘히 회피할 수 있다. 즉 '북학의 축'이라는 성가신 논의를 배제할 수 있다.

왜 '북학의 축'이 성가시냐면 이 축에는 도덕적 정통성이 없기 때문이다. 조선을 침략한 청을 따라야 하는 굴욕을 겪었음에도 북학파는 "청을 배워라"라는 실없는 주장을 했다. 이만한 도덕적 정통성의 결여가 있을까? 주자학적 사대부라면 당연히 "청을 배우면 안 된다. 우리 조선이 도덕적으로 위이다. 왜냐하면 우리 조선이야말로 중화이기 때문이다. 야만스럽고 부도덕한 청을 정벌해야 한다⋯."는 문명적인 입장에 서야 한다. 이러한 정통성의 관념을 해방 후 한국의 사대부형 지식인 엘리트도 강렬히 가졌다.

유형으로서 북학파와 친일파가 같은 패턴에 속했음을 이해할 수 있을 것이다. 야만스럽고 사악한 일본은 조선을 침략하여 지배했다. 그럼에도 불구하고 친일파는 일본을 좋게 평가하고 배우려고 했다. 이만큼 정통성과 정당성이 결여된 무리는 없다. 북학파를 규탄한 집권당 노론 사대부의 생각과 친일파를 규탄하는 해방 후의 항일파의 생각은 같은 유형이었다.

북학파는 도덕적 정통성을 고집하는 조선 사대부들을 강렬히 비판했다. 조선의 경제는 발달하지 않은 상태이고 민중은 도탄을 겪고 있다. 그런데도 사대부 엘리트들은 청에 대한 원한과 자신의 유교 문명이 높다는 자부심에 젖어있다. 정통성이란 그런 개념이 아닐 것이다. 민중의 생활 수준을 끌어올리고 각자의 생업이 발전하도록 정책을 시행하고, 나라가 번영함으로써 정권의 정통성이 확보될 터였다.

하지만 이러한 발상은 원리주의적인 주자학적 세계관에서 본다면 '공리주의'로 혹독하게 규탄받는다. 왜냐하면 주자학은 철저한 동기주의이기 때문이다. 모든 행위는 동기의 도덕성과 순수성이야말로 가장 중요한 요소이며 결과가 중요하지 않다. 결과가 좋아지기를 노리고 행위하는 것 자체가 동기의 불순함을 표현하니까 주자학적으로 말하자면 잘못된 것이다.

그러니까 정통성도 근대화 달성이나 경제발전을 했다는 식의 결과가 아니다. 어디까지나 올바른 것을 지키고 사악한 존재를 배제한다는 주자학적인 도덕의식을 동기로 여기는 경우에만 행위자에게 도덕성이 있다고 할 수 있다. 이것이 사대부형 지식인 엘리트의 사고이다.

원래 유교는 의(義)와 이(理)를 둘 다 지키는 사상이다. 하지만 원리주의화한 주자학에서는 이가 아닌 의만을 강조한다. 따라서 한국 좌파의 정통성 관념도 박정희 정권이 한국을 경제를 발전시킨 사실은 일절 호평하지 않고, 지식인이나 민중이 어떻게 사악한 존재(일본, 제국주의, 군사정권, 미국 등)와 투쟁해서 정의를 지켰냐는 동기의 순수성만을 평가한다. 그렇게 되면 당연히 이런 입장에서는 한국의 정통성보다도 북한의 정통성 쪽이 높은 위치에 있다고 판단할 수밖에 없다. 한국은 일본이나 미국에 양보하거나 타협하는 태도를 보여줬지만, 북한은 그러한 행위를 일절 하지 않고 민족의 주체성을 굳게 지켰기 때문이다. 북한 민중이 굶주리고 있는 사실보다도 제국주의와 고독하게 투쟁하는 도덕성을 더 중시해야 한다는 사고이다. 한국의 소위 진보 세력이 북한에 항상 빚을 느끼는 이유는 이것 때문이다.

왜 삼성은 높게 평가받지 못할까?

물론 사대부형 지식인 엘리트만이 한국의 여론을 형성하지 않는다. 테크노크라트나 기업가, 직장인 등 한국 사회나 경제의 실질적 담당자 중에는 매우 실용적인 세계관을 가진 사람이 많이 있다. 아니 오히려 대부분의 한국은 탐욕스러운 이익·욕망추구형이라고 말할 수 있다. 그러니까 표면적으로만 한국인과 교류한 일본인은 "한국인은 도덕 지향적이다"라는 명제에 위화감을 느낄지도 모른다. 눈앞에 있는 한국인은 실로 솔직한 경제이익을 추구하고 출세를 지향하기 때문이다. 하지만 그것은 역시 한국인의 표면만 본 관찰이라 할 수 있다.

더 큰 문제는 대형 언론사나 학술계에 '동학의 축', 즉 도덕적 정통성을 믿는 사람이 많다는 점이다. 따라서 언론보도나 컬럼에는 도덕적 정통성의 언설이 흘러넘친다. 이러한 경향은 한겨레신문 등의 진보 언론이나 좌파 학자에게 특히 또렷하다. 이와 달리 보수언론이라 평가받는 조선일보, 동아일보, 중앙일보는 진보 언론에 비하면 '북학의 축', 즉 합리성이나 경제이익 추구의 축도 강하다. 그러니까 이들 보수언론을 보면 일본에 대한 도덕 지향적인 규탄과 전혀 다른 명확한 이익추구의 언설을 많이 접할 수 있다. 하지만 이들 보수언론도 일본을 상대하게 되면 '북학의 축'을 내보일 수 없으므로 도덕적 정통성의 언설이 중심이 된다. 그렇기 때문에 일본인이 인터넷에서 한국 보수언론의 일본어판 기사를 읽고 혼란에 빠진다.

일전에 한국의 어떤 철학 연구자와 만났는데 "삼성이야말로 실학이라 생각한다"는 말을 들었다. 삼성은 두말할 필요 없이 유명한 한국에서 제일가는 대기업이다. 전략이 없는 것이 이 기업의 풍토라고 그는 말했다. 아니, 삼성이라는 거대 글로벌 기업에 전략이 없을 리가 없다. 단지 삼성의 전략은 지금이라는 시점에서 세계 최첨단의 요소를 전 세계 어디든 좋으니까 외양에 상관없이 찾아내어 그것들을 조합시켜서 풀려고 하는 것이라고 한다. 그러니까 좋은 의미로 말하면 유연성이 이상하게 높고, 나쁘게 말하면 절조가 없다. 그러나 이 방식이 세계에서 펼쳐지는 경쟁에서 계속 승리하고 있음은 사실이다. 삼성에 비하면 다른 기업들은 아직 사풍(社風)이니 형식이니 문화니 전통이니 하는 요소에 집착한다. 그런 요소를 전부 내버리고 세계 최고·최첨단 요소만을 오로지 추구하는 궁극의 합리성이야말로 진정한 의미의 실학이라고 그는 말했다.

삼성이 만약 진짜로 그런 기업이라면 여기에서 말하는 '동학의 축'과 정반대의 기업일 것이다. 도덕적으로 정통성 같은 요소를 일절 고집하지 않고 일본이든 어디든 최고 수준이라면 모두 받아들인다.

 실은 이러한 합리정신, 효율성 추구, 정통성의 부정이 한국경제를 이끌었다고 하지만 한국 주류를 차지하는 사대부형 지식인 엘리트는 이 축을 기피한다. 그렇기 때문에 한국경제의 주역인 대기업이 한국의 도덕 지향 풍토에서 결코 높이 평가받지 못한다.

 한국에는 이러한 이중성이 있다. 즉 한쪽에서 자국의 발전을 위해 경제적 합리성을 최대로 회전시켜 밤낮 땀을 흘리며 일하는 사람들이 있는가 하면, 다른 한쪽에서는 그러한 합리성을 일절 좋게 평가하지 않고 그저 도덕적 정통성만으로 모든 것을 평가하는 사대부형 지식인 엘리트 및 시민이 있다.

 그리고 중요한 것은 이 둘이 결코 분리되지 않았다는 사실이다. 특히 한국에서 근대가 끝나고 포스트모던이 시작된 시기로 이해하는 1990년대에서 2000년대 이래, 기본적으로 합리성을 추구하는 '북학의 축'이었던 사람들의 마음속에도 '동학의 축'이 물밀듯이 밀고 들어와서 내면적으로 도덕적 정통성이 중요하다고 생각하게 되었다. 그것은 경제발전을 달성한 한국인이 제일 속 시원하게 여기는 도덕적인 '고향'으로 원점회귀하고 있다는 의미이다.

 이것이야말로 한국인의 '사대부화'라는 현상이며 사대부화가 좌경화와 조금도 모순되지 않는 논리적 이유이다.

제4장 한국인과 일본인의 정치관
01 국민과 정치의 거리

거버넌스를 가진 일본인, 정치적인 한국인

나는 예전에 한국에 살았을 때 1988년 노태우 대통령의 당선, 1993년 김영삼 대통령의 당선을 경험했고, 또 1998년 김대중 대통령이 당선되었을 때도 한국에 살았다. 이러한 경험들을 통해 정권교체란, 그리고 특히 한국의 정권교체라는 사건은 길을 걷는 사람들의 표정이나 동작까지 바꿀 만한 근원적 힘이 있다는 사실을 알았다. 물론 강력한 중앙집권과 대통령의 권력이 사회 구석구석까지 미치는 한국 사회의 정권교체와 일본의 정권교체가 똑같다고 이해하면 위험하다. 하지만 2009년 민주당이 정권을 잡음으로써 일본인도 그런 흥분을 약간 경험했다고 볼 수 있지 않을까?

나는 어떻게든 국민투표를 통해 정권이 바뀐 사실을 말할 때 일본의 사례와 비교하고 고찰하는 대상으로서 미국보다 한국이 적절하다고 생각한다. 그런 점에서 2009년 일본 언론이 정권교체를 거의 미국과 비교하는 관점만 갖고 분석한 사실에 강한 위화감을 느낀 기억이 있다.

일본에 2009년 정권교체를 초래한 원인은 여러 가지가 있겠지만 나는 한 마디로 '일본의 동아시아화'라고 생각했다. 이러한 움직임은 1990년대 후반에 시작했다고 나는 생각한다.

애당초 일본의 서민은 에도 시대에 '거버넌스를 가졌으나 비정치적'[03]이라는 특이한 존재였다고 생각할 수 있다. 거버넌스를 가졌다는 말은 요컨대 무사가 아닌 민중 수준까지 (사)농공상 각자의

---

03) 거의 일방적인 정부 주도적 경향에서 벗어나 정부, 기업, 비정부기구 등 다양한 행위자가 공동의 관심사에 대한 네트워크를 구축하여 문제를 해결하는 새로운 국정 운영의 방식

직분에 따라 자신의 생업의 테두리 안에서의 폐쇄적인 자기통치 능력을 가졌다는 의미이다. 하지만 이 능력은 도덕적인 지(知)에 의한 정치권력에 지탱되지 않았으며 어디까지나 사적인 '가업'이 '천직'으로서 초월적인 가치와 연결되었다는 자각 아래 자기의 직업에 몰두하는 의미에서의 거버넌스였다. 그런 의미에서 이것은 "정치권력 없는 직업적 거버넌스"라고 할 수 있을 것이다. 그리고 이렇게 사람들이 직업적 거버넌스를 발휘하여 사회(특히 도시)에 잉여가치를 축적했고, 그 은혜를 받은 사람들은 더욱 비정치적으로 자기의 취미나 생활에 몰두할 수 있었다.

반대로 나는 조선왕조의 서민은 '정치적이지만 거버넌스가 없었다'고 생각한다. '거버넌스가 없다'는 표현은 오해받기 쉬운데 요컨대 자치회로가 폐쇄적으로 완성되지 않고 항상 상위(조선의 경우 양반)의 통제를 받았으며 또한 통제를 요구하거나 혹은 통제를 반대한다는 것이다.

이렇게 된 것은 조선 사회의 유교적 성격 때문이라 생각된다. 유교 사회는 보편적 통치원리인 '이(理)'를 중요하게 여기는데 양반이라는 계층이 '이'를 주체적으로 갖는 데다가 '이'의 세계관에 따르면 두뇌 노동 이외의 신체 노동을 하는 백성은 이를 가진 자의 통치를 받을 필요가 있다고 여겼다. 두뇌 노동 이외의 직업이 그대로 '하늘[天]'이라는 초월성과 직결된다는 생각은 전혀 할 수 없었고 백성이 완성된 거버넌스를 갖는다는 생각은 있을 수 없었지만, 이 말은 반대로 백성은 완성되지 않았다는 이유로 항상 양반이라는 보편가치를 갖춘 존재에 열려 있기 때문에 보편적 '정치성'의 바람을 받아들일 수 있었다.

그러니까 조선의 민중은 권력자의 부패나 부정에 대한 강한 비판 정신과 권력자를 향해 강하게 요구하는 경향을 지녔으며, 노래나 연극에서 그런 경향을 직접적으로 표현했다. 전통 가면극이나 판소리(노래 예능)에서 악덕 양반이나 지방 관료를 비판하고 야유하는 방법이 상투적인 수법이었다. 그런 의미에서 매우 정치적이었다. 이것을 '거버넌스 없는 정치지향'이라고 말할 수 있을 것이다.

중요한 것은 일본형보다도 조선형 쪽이 더 '정통적인 동아시아형'이라고 말할 수 있다는 점이다. 유교적 통치구조를 '동아시아형' 정치문화라고 할 수 있다면 조선 쪽이 명백히 거기에 가까우며 일본은 거기에서 먼 특수형이다.

일본인의 동아시아화

그런데 일본은 메이지 유신을 거쳐 큰 변화를 경험했다. 메이지 유신을 한마디로 말하자면 "일본인의 정치화"였다고 말할 수 있다. 일본은 중앙집권과 과거를 모방한 고등문관시험(1894년부터 1948년까지 실시)을 통해 정치 가치 지향적인 사회로 급선회했다. 이것을 일본인의 '동아시아화'라 불러도 좋을 것이다. "끝에는 박사냐 대신이냐?"라는 세계관은 에도 시대에 결코 없었다. 후쿠자와 유키치(福沢諭吉)의 생각과 반대로, '탈아입구'란 확실히 "일본형 봉건 세계관에서의 이탈"이었으나 다른 의미에서 "중앙집권적인 유교 세계관을 향한 탈피"였다는 의미에서 '동아시아화'였다.

하지만 제2차 세계대전 후 '55년 체제'[04] 아래서 대다수 일본인은 다시 비정치화되었고 정치는 모두 자민당과 관료에게 백지 위임하는 상태에 익숙해지고 말았다. 물론 모든 일본인이 그렇게 되었다고는 말할 수 없다. 1970년쯤까지 정치를 둘러싼 쟁탈전이 여야당 대결이나 학생운동, 노동운동, 반미투쟁, 공산주의 운동 등을 통해 활발히 전개되었고, 그 후에도 자민당에 표를 주지 않은 많은 국민은 '다른 선택'을 하려고 했다. 하지만 다수파는 역시 그러한 '자기의 정치화'를 바라지 않았다. 정치는 자민당에 맡기고 자기는 일이나 취미나 생

---

04) 1955년부터 1993년까지 자민당이 정권을 장악하고 사회당이 제1야당의 위치에서 헌법개정을 반대하던 정치체제를 말한다.

활에 파묻힐 수 있는 '행복'을 누리기를 바랐다. 이러한 비정치성 지향[05]이라는 의미에서 쇼와겐로쿠(昭和元禄) 이래의 일본 사회는 다이쇼 시대와 마찬가지로 '반동아시아화'했다고 할 수 있다.

이러한 상황은 나름대로 확실히 행복했다. 하루 24시간 정치를 생각하며 사는 것은 행복하지 않다. 행복하지 않은 사람들이 정치를 생각하니까, 생활이 행복해지면 조금도 정치를 생각할 필요가 없다…라는 것이 쇼와겐로쿠로부터 1990년대까지의 일본인 다수파의 막연한 생각이었다.

하지만 1990년대부터 다시 일본인은 정치화되어 주체성을 갖고 정치에 참여해야 한다는 생각이 급속히 강해졌는데, 중국과 한국의 대두와 북한의 위협이 배경이었다. 그러니까 '일본의 정치화'='일본의 동아시아화'는 단적으로 말해 '동아시아 문제'였다. 이때 '우익'에 속한 사람들이 중요한 역할을 맡았다. 일본인의 주체성을 외치며 중국·한국·북한에 대항하려고 한 그들은 그때까지 '주체적이지 못했던' 가스미가세키(한국의 광화문 일대와 같은 도쿄의 관청가, 霞が関)의 거버넌스와 그러한 거버넌스를 추종할 뿐인 정치가들을 비판하고 새로운 일본을 만들자고 주장했다. 옛날에 후쿠자와 유키치가 '탈아입구'를 외치며 일본을 동아시아처럼 만들었듯 일본의 '우익'도 1990년대부터 일본을 동아시아로 만들었다.

동시에 그때까지 55년 체제에서 가스미가세키와 함께 일본의 '전체'였던 자민당이 분열되었다. 물론 반대당이나 반대 세력은 있었지만 단독으로 권력을 쥔 적은 없었다. 국민은 자민당과 가스미가세키에 모든 것을 부탁했지만 그들을 상대적으로 보는 의식이 약했다. 거버넌스에 결정적인 결함이 없는 한, 다소의 부패나 부정이 있어도 정권을 계속 맡겼다.

그러나 1990년대부터는 그렇지 않았다. 자민당과 가스미가세키

---

05) 일본의 정치가 후쿠다 다케오(福田赳夫)가 말한 조어로, 고도경제성장기 일본의 천하태평함과 사치안일을 가리킨다.

에 결정적인 거버넌스의 문제가 있다는 사실이 밝혀졌다. 고이즈미 준이치로(小泉純一郎) 전 수상이 "자민당을 파괴하겠다"고 발언한 것은 자민당 해체 프로젝트로서 국민의 눈에 좋게 비쳤다. 그결과 2005년 총선거에서 자민당은 큰 승리를 거두었지만 반대로 거버넌스가 퇴화되는 속도는 빨라졌다. '고이즈미 칠드런'들의 추태와 유치찬란함, '고이즈미 이래'의 수상이나 대신에게 자기통치 능력이 결정적으로 결여된 데 대해 국민은 "이런 수준 낮은 사람들이 일본을 대표한다고 착각한 사실"을 스스로 반성한 셈이다. 그리고 2009년에 민주당이 크게 승리했다.

정권교체란 이렇듯 그때까지 '전체'를 맡은 존재를 주권자가 권력을 행사해서 '부분'으로 축소하는 행위이다. 55년 체제하에서 '일본=자민당+가스미가세키'라는 등식을 '자연스러운 상황'으로서 막연히 인식해 온 일본인이 거기서 벗어나 일본 사회의 '잔여' 부분에 권력을 부여했다.

하지만 부분에서 전체에 가까워진 민주당은 그 후 바로 통치능력에 의문을 갖게 만들었다. 2011년 발생한 동일본대지진과 후쿠시마 원자력 발전소의 사고 대처에서 심각한 위기관리 능력 부족을 보였다. 그 후 결국 민주당은 일본 국민으로부터 끌어내려져 다시 부분으로 위축되고 말았다.

02 주자학화=주체에 의한 서열화가 진행되는 사회

한국 사회와 비슷해진 일본

1970년대 끝 무렵부터 1990년대 중순까지 일본의 모습을 아시는 분들은 기억해주셨으면 한다. 학생운동이 끝나고 이데올로기의 시대가 퇴조하고, '일본은 세계제일'[06]이라는 구호가 태평양 건너편에서 들린 후 플라자 합의(1985년)가 있었고, 그 뒤 버블에 돌입하여 몇 년 만에 붕괴하고 '잃어버린 10년'이 시작되었다. 이 20년 정도의 시기를 어떻게 평가할지는 각자의 입장이나 역사관, 세계관 따위에 따라 다를 것이다. 또한 세대마다 당연히 다르게 인식할 것이다.

사상적인 관점에서 말한다면 이 20년(1970년 끝자락부터 1990년대 중순)은 일본이 포스트모던이라는 일종의 환상을 누린 보기 드문 시대였다. 나는 지금 이 시대사상에 가치를 부여하지는 않으려고 한다. '포스트모던'이라는 단어를 듣고 눈살을 찌푸리는 분도 있을 테고, 향수를 느끼는 분도 있을 것이다.

사람마다 느낌은 다르지만, 중요한 것은 일본에 '20년 동안의 포스트모던'이 지나고 '조선화', 다르게 표현하면 '재주자학화'가 찾아왔다는 사실이다. 나 개인은 포스트모던에 대해 애증이 반씩 섞인 감정을 갖고 있는데, 그 중 '사랑' 쪽을 말하자면 이 20년은 '도덕'이라는 두 글자가 일본 사회에서 거의 사라졌다는 의미에서 진짜 좋은 시대였다. 또한 이 시기는 그토록 일본 사회를 장기간 좀먹은 '서열화'라는 사상이 약해진 시기이기도 했다. 그 '유토리 교육'도 이 시기에 계획했다.

도덕과 '서열화'라는 질곡(桎梏)에서 해방된 일본 사회는 상상력과 창조력을 전개시켰기 때문에 나카가미 겐지(中上健次)나 무라카미 하루키(村上春樹), 아사다 아키라(浅田彰)나 나카자와 신이치(中沢新一), 콤데갸르송이나 워크맨 같은 꽃들이 피었다. 그 시대가 10년 정도만 더 이어졌다면, 어쩌면 세계는 조금 더 달라졌을지도 모른다.

하지만 버블의 붕괴와 북한의 대포동 때문에 일본 사회는 순식

---

06) 미국의 사회학자 에즈라 보겔이 쓴 책의 제목에서 유래한 말로 1980년대 일본의 황금기를 상징적으로 표현했다.

간에 달라지고 말았다. 보수화니 우경화니 하는 현상이 나타난 것이 1990년대 중반이었는데, 1998년의 대포동미사일 발사, 2002년 고이즈미 방북과 일본인 납치 문제가 주목받자, 일본 사회는 조금씩 내셔널리즘에 침식되었다. 물론 좌익도 잠자코 있지 않았다. 종군위안부 문제나 수상의 야스쿠니신사 참배 문제, 역사 교과서 문제 등을 통해 좌익이 되살아났고, 좌우 양 진영에서 서로를 향해 '악'의 딱지를 붙였다. 20년 동안 망각했던 '서열화'의 재등장이자 일본 사회의 전면적 재도덕화였다.

양쪽의 주장을 들어보면 수긍할 수 있는 부분과 반드시 실현해야 할 부분이 많이 있으나 동시에 왜 그들이 비생산적인 데다가 상대를 전면 부정하는지도 알 수 있다.

둘 다 자기 머리에서 나오지 않은 외부의 이념·이론·논리와 하나 되는 것을 '주체화'로 오인하고 주체의 정도에 따라 구성원을 '서열화'하는 '주자학적 사고'를 가졌기 때문이다. 이러한 경우, 이념·논리·이론이 그대로 도덕이 되므로 도덕과 일치하는 인간이야말로 도덕적 '주체'이며 나아가 '주체가 되는' 인간이 그렇지 않은 인간보다 도덕적으로 위에 있다고 생각한다.

이렇게 사회에 늘어난 '주자학적 주체'가 도덕적인 발언을 일삼자 사회의 창조성은 심하게 낮아졌고 사람들은 도덕적 서열 속의 자기 위치에만 관심을 갖게 되었고 도덕적이지 않은 남을 비판하고 비방하고 멸시하게 되었다. 이렇게 사회에 도덕이라는 척도가 판을 치자 정치가, 언론, 청년, 우익, 좌익은 모두 도덕적인 결함을 가졌기 때문에 경멸만 받게 되었다.

이것은 내가 1980년대부터 1990년대까지 8년 동안 살았던 한국 사회와 매우 비슷한 모습이다. 맨 처음 한국과 만난 1980년대 중반에는 일본과 한국 사회는 크게 달랐다. 한국은 군대·이데올로기·유교·내셔널리즘 등에 꽁꽁 얽매인 도덕 지향성 국가였다. 같은 시기 포스트모던 일본에는 그러한 경향은 거의 전무했다. 하지만 90년대 중반부터 일본 역시 한국 사회와 비슷한 도덕 지향성 국가가 되고 말았다.

주자학에 저항했던 미시마 유키오

1970년대 끝 무렵부터 1990년대 중반까지 이어진 포스트모던의 시기는 근대 이래 일본에서 가장 특수한 시대라는 생각이 든다. 왜냐하면 나는 메이지 시대부터 일본은 '늦은 유교화', '주자학적 주체화'를 겪었다고 생각하기 때문이다. 물론 에도 시대에 사상으로서 주자학이 퍼졌지만 사회적 기능을 수행한 것은 아니었기 때문에 그러한 환경에서 주자학은 변혁 주체를 형성하는 이론으로서는 반쯤 의미가 없다. 과거제도, 그리고 중앙집권도 없는 주자학 사회란 형용모순이다.

메이지 시대부터 일본은 주자학 사회가 되어 국가는 중앙집권 국가가 되었고 시험은 과거제도처럼 되었고 도덕을 지향하여 성선설을 믿게 되었다. 이것은 한마디로 '주체화'에 따른 '서열화'였다. 나는 '주자학화는 일본 근대'(藤原書店, 2012년)에서 이 주제를 상세하게 다루었다.

일본의 근대를 정확하게 이해하기 위해서 '주자학적 사유'가 무엇인지 잘 알아야 한다. 주자학은 마루야마 마사오(丸山真男)나 시바 료타로(司馬遼太郎) 같은 근대주의자가 말하는 것처럼 단순하지 않다. 만약 주자학이라는 사상체계가 그들이 말하는 것처럼 단순한 구조물이라면 어째서 중국과 조선의 1급 지식인들이 그 정도로 사로잡혔을까? 전근대 중국과 조선의 지식인이 단세포는 아니었을 것이다.

'주자학적 근대'는 '이(理)'와 '주체'를 정말 세밀하고 능동적으로 계층화하여 차이 나는 체계 구석구석까지 도덕적으로 '서열화'해서 통치력을 만드는 사고다.

에도 시대의 일본인은 아직 이러한 역동성을 몰랐으나 메이지 시대에 들어 처음으로 알았다. 좋은 일인지는 모르지만 여기서 가치 판단을 하는 것은 내 역할이 아니다. 나는 그저 메이지 시대 이래 일본이 다시 유교사회가 되는 구조를 이해하고 싶었다.

『주자학화하는 일본 근대』에서는 중요 인물 몇 사람의 사상을 고찰해 봤다. 놀랍게도 그 모든 인물이 '주자학적 사유'라는 필터를 통해 보면 지금까지의 평가와 전혀 다른 상반된 모습을 보였다.

예를 들면 모토다 나가자네(元田永孚)는 '교육칙어(教育勅語)'의 성립에 매우 중요한 역할을 맡았기 때문에 일본 사회의 유교화라는 프로젝트를 강력히 추진한 쪽의 인물로 보였다. 하지만 그러한 단순한 이해로는 메이지라는 시대는 영원히 이해할 수 없다고 생각한다. 모토다는 '교육칙어'에서 명확하게 일본 사회의 주자학화에 실패했고, 또한 후쿠자와는 자신의 주자학적 반신을 철저히 은폐하면서 '일본 사회의 주자학화'라는 프로젝트를 진행했다.

그뿐만이 아니다. 마루야마 마사오 또한 자신의 주자학적 반신을 마지막까지 계속 감춘 인물이다. 후쿠자와도 마루야마도 '전신'이 주자학적이었던 것이 아니다. 어디까지나 '반신'만이 주자학적이었다. 그리고 사람들은 지금까지 후쿠자와나 마루야마의 '반주자학적 반신'만을 봐 왔다.

반대로 미시마 유키오(三島由紀夫)는 메이지부터 이어진 관료제적 주자학화에 철저하게 저항했다. 그의 '천황'이란 그러한 반메이지적·반주자학적 천황을 말했지만, 『영령의 소리(英霊の声)』에서 그러한 반주자학적 천황관은 '도덕성'이라는 옷을 걸침으로써 파탄이 날 뻔했다. 그 틈을 없애기 위해 그는 단 하나의 길을 골랐다.

다시 한번 정리하면 이렇다. 조선은 14세기 말부터 주자학을 사상적 기반으로 삼아 국가를 만들었다. 조선은 국가를 '하나의 거대한 보편이념'에 의해 통합적으로 만든다는 장대한 실험을 수백 년 동안 해 온 셈이다. 이와 달리 일본은 에도 시대까지는 그러한 중앙집권적인 통합성을 구축하지 못했다. 메이지 시대에 들어 가까스로 하나의 거대한 통합이념에 따라 국가를 만드는 실험을 시작했다. 그러니까 일본과 조선(한국)은 이웃나라지만 사상적인 역사는 꽤 다르다.

그 후에도 일본과 조선(한국)은 국가의 성격이 접근하기도 멀어지기도 했다. 예를 들면 일본에서 자민당으로부터 민주당으로 정권교체가 발생했을 때, 정권에서의 혁명적 역동성이라는 상황을 일본 국민도 조금은 경험했다. 이것은 일본 사회의 한국화라고도 할 수 있는 움직임과 연동된 변화였다.

요컨대 이번 장에서 나는 일본의 정치나 사회의 변화를 일본 한 나라의 문맥이나 서구와의 비교라는 문맥뿐 아니라 한국과의 비교라는 문맥에서 바라본다면 지금까지와 다른 꽤 명확한 분석이 가능하다는 점을 주장하고 싶었다.

제5장 한일 군사관계를 다시 생각한다
01 양호했던 한일 군사관계

한일 관계 전문가 사이에서는 이러한 생각이 상식이다

한일 관계가 이만큼 뒤틀린 시기에 한국과 일본이 양호한 군사 관계를 만들 수 있다는 생각은 환상 같은 느낌을 주지만, 전문가들 사이에서는 충분히 가능한 일이라고 인식되고 있다.

그것은 2019년 한일 관계가 '전후 최악'이 되기 전에는 한일 양국 사이의 다양한 관계성 안에서 경제와 군사 두 분야가 가장 양호했다는 사실이다. 한일 간에서 위안부 문제나 징용공 문제 등 다양한 현안이 주목을 받는 동안에도 경제와 군사 분야에 관계한 사람들의 관계성은 양호한 상태였다. 그 정도로 강한 끈이 이미 형성되었다는 점이다.

하지만 한일 관계의 심층을 잘 모르는 사람들은 이상하게 여기지 않았을까? 한국은 예전에 일본에 병합되어 식민지가 되고 말았고, 일본 군국주의·제국주의를 철저히 증오하고 혐오할 것이다. '일본군'에 관한 묘사와 발언은 한국인이 극도로 기피하는 것이며, 일례로 욱일기는 나치스의 하켄크로이츠와 같은 악의 표징으로서 소리 높여 규탄한다. 이러한 한국에서의 멘탈리티로 생각하면 한일이 군사적으로 양호한 관계를 쌓았다는 말 따위는 있을 수 없을 것이다.

확실히 여론조사를 해도 한국인의 입장에서 본 군사적 위협은 중국도 북한도 아닌 일본이다. 아베 신조 씨에 대한 한국에서 보이는 철저한 반발은 "아베는 일본의 군사대국화를 노린다"는 인식에 근거했다.

하지만 그러한 사실과 실제 안보 현장에서 한일의 관계성은 꽤 다르다. 일선 현장이란 일본의 군국주의적인 '나쁜 이미지'나 그에 대한 '혐오감' 같은 들썩거리는 주관성에 의존할 수 없으며 딱딱하고 엄격[rigid]한 '사실'과 '예측'이라는 증거에 근거한 결정들이 집적되는 장소이기 때문이다.

롯데호텔 사건(2014년 7월 한국 롯데호텔이 주한 일본대사관이 주최하는 자위대 창설 60주년 기념연을 개최하기 전날에 "장소를 제공할 수 없다"고 통보했다)이나 한국군의 레이더 조준 사건(2018년 12월 한국 해군 구축함이 해상자위대 P-1초계기에 화기관제 레이더를 조사했다고 일본 정부가 항의했으며 양국의 주장이 다르다) 전에는 한일 양국의 안전보장 책임기관의 관계는 매우 양호했다. 이러한 사실을 아마 많은 일본인은 모를 것이고 한국인 대부분은 모른다.

이번 장에서는 이라크 전쟁에 한일 양국이 파병을 결정하던 시기를 분석하고 싶다. 왜냐하면 이 시기에 한일의 군사적 관계성이 크게 바뀌었기 때문이다. 지금은 이라크 전쟁이 대의가 없는 미국과 추종국들의 오점일 뿐이지만, 그렇다고 해서 이 전쟁이 안전보장의 구조를 논의할 때 중요하지 않다고 말할 수는 없다. 오히려 곤란과 실패를 겪는 과정에서 국가나 조직을 위해 중요한 교훈을 배우는 의미에서 이라크 전쟁에 양국이 참가했던 과정을 다시 한번 살펴봐야 한다. 물론 이라크 전쟁에 한국군이나 자위대를 파견한 결정이 정당하다거나 잘못되었다는 말은 하고 싶지 않다. 국가가 잘못된 전쟁에 참가하면 그 후의 행동에 중대한 부담이 된다. 그렇기에 참가 과정의 검토가 중요하지만, 현재 일본은 오히려 잘못된 전쟁에 참가한 사실을 기억 속에서 지워버린 것처럼 논의하지 않기 때문에 위험하다고 생각한다.

이라크 파병 때 한국의 반응

2003년 일본은 이라크 파병을 매우 고민했는데, 한국도 마찬가지였다.

한국은 제일 먼저 그해 봄에 637명의 선발대를 보냈고, 10월에는 교체를 거쳐 12월 10일 466명의 건설공병과 의료부대를 보냈다. 여기에 특수부대를 포함한 3,000명을 추가 파병하기로 이미 결정했다.

같은 해 11월 30일 티크리트 근교에서 민간인이 총격당하여 곽경해(60) 및 김만수(46) 두 명이 사망하고 2명이 부상당했다. 일본인 외교관 살해와 마찬가지로 옛 후세인 정권의 정보기관인 무하바라트가 저지른 범행으로 보였다.

이러한 사태가 발생하자 한국 국내에서 파병 반대론이 급속히 대두했다. 젊은 세대를 중심으로 한 감정적 반미 세력은 당연히 큰 목소리로 파병 반대를 외쳤다.

하지만 윤영관 외교통상부 장관(당시)는 기자회견에서 명확하게 "이번 사건으로 인해 파병 문제는 영향을 받지 않는다"고 말했다. 노무현 대통령(당시)도 "북한의 핵 문제 등 안보상의 현안을 안고 있는 한국으로서는 지금까지 이상으로 긴밀한 한미 관계가 중요"하다며 추가 파병 의지를 강하게 표명했다.

언론도 파병을 재검토하자는 주장을 하지 않았고 각종 조사에서도 오히려 "위험에 대처할 수 있도록 정예 전투부대를 많이 보내야 한다"는 의견이 많아졌다.

매우 감정적인 파병 반대론

그 외 일본과 다른 사정이 많이 존재했다. 후나바시 요이치(船橋洋一) 씨는 당시 한일의 입장 차이점을 이렇게 정리했다(朝日新聞,

2003년 12월 4일자).

①일본은 야당이 파병에 반대했으나 한국은 야당이 찬성, ②일본에서는 중년층에 반대가 많았고 한국에서는 청년이 반대 세력의 주력, ③일본 방위 당국은 육상자위대 파견에 신중론, 한국의 국방 당국은 처음부터 적극론이었다. 그 외에 물론 한국은 일본과 달리 "군대를 당당한 군대로 파견할 수 있다"는 점이 있었던 사실이 가장 중요하다.

이 가운데 ①과 ②는 미국에 대한 다른 자세에 기인한다.

우선 일본은 여당이 파병에 찬성, 야당이 반대했지만 반대로 한국은 야당이 오히려 적극적으로 찬성했음은 물론, 일본은 여당이 친미 성향이 강하고 야당이 반미 성향이 강했으나 한국은 여당(진보 세력)이 반미 성향이 강했고 야당(보수 세력)이 친미였기 때문이다. 애당초 노무현 대통령은 2002년 한국 사회의 격렬한 반미 기운을 타고 대통령에 당선되었으며 미국과는 거리를 두는 입장에서 출발했다. 하지만 그런 입장은 오래 이어지지 않아서 취임한 지 얼마 지나지 않아 외교관을 수정하여 미국을 따르는 방향으로 전환했다. 이 모습을 본 청년층을 중심으로 한 반미 세력이 입장을 바꾸어 노무현 대통령에 대한 실망을 표명했고 대통령 지지율은 급락했다.

애당초 한국 청년의 파병 반대론이란 '자존심'이라는 키워드가 전부인 매우 감정적인 사고였다. 한 마디로 "미국의 말대로 움직이고 싶지 않다"는 생각이다. "왜 힘없는 나라는 강대국의 말대로 해야 할까?"라는 부조리에 대한 도덕 지향적인 '한'이었다.

이것은 그 당시 한국 사회의 표층을 이끌던 이른바 386세대(연령이 30대, 1980년대에 대학교에 다닌 1960년대생)에도 공통된 미국관이었으며 또한 노무현 정권에 파고든 소위 진보적인 정치가나 학자도 똑같은 미국관을 가졌다. 이러한 좌파 인사들이 훗날 더 성장하여 문재인 정권의 중추가 된 셈이다.

반대로 한국전쟁을 아는 중년층은 북한을 불신하고 미국을 신뢰하는 자세가 명확했다. 김대중 대통령 시절에는 일시적으로 남북 화해 분위기가 한국을 뒤덮었으나 한국과 미국의 정권교체와 함께 그러한 '공기'는 단숨에 위축되고 말았다.

역사적으로 조성된 미국을 향한 불신

이 당시 한국은 아시아 쪽에 붙을지, 미국에 붙을지 아슬아슬한 줄타기를 하는 와중이었다. 대륙국가냐 해양국가냐의 선택이었다. 이 "대륙국가냐 해양국가냐"는 차트에서 노무현 대통령이 명확한 방향을 내놓지 못했기 때문에 '국가관'이 없느니 희박하다느니 하는 말을 들었다. 특히 대부분이 친미 지향적인 보수층은 '대륙국가'의 방향성을 지향하는 자체가 "국가관의 결여"로 생각했다. 노무현 대통령은 그 후 '동북아균형자론'을 내놓지만 실패했다.

대표적 보수파 논객인 강인덕 전 통일부 장관은 "제2차 세계대전 후의 한국은 해양국가로 변화했다"는 이유로 대륙국가를 지향하는 진보세력을 비판했다.

그는 진보 세력이 보수 세력을 '미국을 추종한다'고 비난하지만 옳지 않다고 말했다(『통일일보』, 2003년 11월 26일).

1905년 미국의 태프트 육군장관과 일본의 가쓰라 다로 수상이 비밀리에 만나서 미국이 필리핀을 갖고 일본이 한국을 갖기로 비밀리에 합의했다. 그리고 1919년 조선 민족은 윌슨 대통령이 발표한 민족자결주의를 믿고 3.1운동을 일으켰지만 미국은 아무것도 해주지 않았다. 제2차 세계대전 중 루스벨트 대통령은 임시정부를 인정하지 않았으며 전쟁이 끝난 후 미국이 신탁통치를 발표한 사실을 잊으면 안 된다. 또한 애치슨 선언에서 "한국은 미국의 방위선 밖에 있다"고 주장하여 김일성과 스탈린의 남침을 초래한 사실이나 1970년대에도 카터 대통령이 '인권문제'를 들고 나와 주한 미군 1개 사단의 철수를 운운하여 국가 안전보장을 위협한 사실도 가슴 깊숙이 새겨져 있다.

하지만 강인덕은 그렇게 말하면서도 "미국과 동맹을 맺은 덕분에 한국은 50년 동안 경제성장을 겪고 안전을 보장받은 사실도 알고 있다"고 말하면서 진보세력이 그런 부정할 수 없는 사실을 모르거나 부정하려고 하니 이해할 수 없다고 말한다. 반대로 진보세력은 미국이 이렇게 멋대로 행동하는 데도 불구하고 왜 반발도 하지 않고 따르기만 하는지 이해하기 어려워한다. 이제는 성장한 한국의 국력에 걸맞게 대미 관계를 구축해야 한다고 그들은 생각한다. 이런 상황 속에서 이라크의 정세가 어떻게 전개되는지에 따라 한국의 반미 의식이 단번에 다시 고조될 가능성도 컸다.

이렇듯 논점의 내용 자체는 일본에서의 논의와 비슷하지만 당시 정권의 원래 기반이 반미 세력인 한국과 그렇지 않은 일본의 차이는 선명했다.

'국익', '이익'에 대한 집착

그 외에 한일의 입장과 자세 차이는 여러 가지가 있지만 다음 사항이 특히 중요하다고 생각한다.

한국에서는 '국익', '이익'이라는 요소를 당당히 거론하며 파병에 찬성하는 의견이 많았다. 물론 북한을 상대하기 위한 한미안보의 강화라는 국익이 가장 중요했지만, 국익론을 대놓고 말할 수 없는 일본과 달리, 한국 사회에서는 열심히 국익에 관해 말할 수 있는 특징이 있었다.

예를 들면 한국에서는 '에너지 안전보장'이라는 관점에서 이라크 부흥에 참여해야 한다는 주장이 눈에 띄었다. 장래의 석유 확보라는 점에서 중국과 일본에 뒤처졌다는 강한 위기감이 배경에 있었다. 하지만 그것만이 국익이 아니다. 정말로 이라크 전후 부흥을 사업화해서 얻는 이익이야말로 정부가 국가의 능력을 기울

여야 할 과제라고 생각했다. 예를 들면 이라크 파병에 관한 정부 합동현지조사단원인 심경욱 한국 국방연구원 연구위원은 이렇게 말했다(『월간조선』, 2003년 11월호).

이젠 19세기와 같은 식민지 쟁탈전은 일어날 수 없는 시대다. 그렇기 때문에 군사 강국들은 분쟁이 발발하면 전 세계 어느 곳에라도 다국적 평화유지군 명목으로 병력을 투사하고 분쟁 종식에 기여한 전과만큼 재건사업의 파이를 차지하는 것이다. 앞으로 세계에서는 다국적 작전(MNF)나 유엔평화유지활동(PKO/PKF)에 얼마나 적극적으로 참가하느냐에 따라 강국의 순위가 매겨진다. 이 국가들의 군대는 자국 영토 방호에만 매달리는 소모집단이 아니라 사막을 넘고 대양을 건너 국익을 창출하는 전위대로서의 정체성을 다지려고 준비하고 있었던 것이다.

그리고 "파병 비용의 85%는 다시 한국에 돌아온다"고 말했다. 파병 비용 중 70%는 인건비인데 병사 한 명당 1,400달러를 지불하는 월급은 현지에서 거의 쓰지 않고 한국에 돌아온다. 차량이나 에어컨도 대부분이 한국제이니까 결국 파병 비용의 85%는 한국 내에 다시 투자할 수 있다는 결론을 냈다고 말한다.

한국의 인터넷에 이렇게 '이익'을 우선하는 의견이 많이 나타났는데, 전후 일본식으로 '인도'니 '원조'니 하는 듣기 좋은 단어를 써서 모든 것을 말하려고 하던 일본과는 상당히 다른 어조였다. 이러한 의견에는 물론 '상대방을 위함'은 중요하지만 '우리를 위해서' 돕는 것이 아니라면 의미가 없다는 자세가 명확하다. 일본에서는 이렇게 생생한 논의가 거의 없다는 점을 생각하면 이라크 파병을 바라보는 양국의 자세 차이는 선명하다.

위의 보고서에서도 나온 얘기지만, 사막 한가운데에 건설한 미군 식당에 들어가 보니 만 명을 수용하는 거대한 규모인데다가 '켈로그브라운앤루트'라는 민간 기업이 식당을 운영하는데 메뉴도 다양하고 식재료도 신선해서 놀랐다고 한다. 이것이야말로 새로운 전쟁이고 국익이고 사익(私益)이라는 것이다.

티크리트 근교에서 습격당해 사망한 2명의 한국인이 민간 기술자였던 사실에 주목하고 싶다. 그들은 한국의 오무전기사 사원으로 미국 기업의 하청을 받아 송전탑 보수공사 차 이라크에서 일했다. 이러한 사람들이 이라크에 많이 들어왔지만 한국 정부는 그 수를 파악하지 못했다. 실제로는 당시 6백 수십 명의 한국인이 이라크에서 일했다고 보이지만, 정부는 예순 몇 명을 파악했을 뿐이다. 정부에 신고하면 거절당할 가능성이 높기에 비밀리에 입국해서 일한 셈이다.

이렇게 한국인은 위험한 지역에도 일을 찾으러 왔다. 이전에도 2003년 8월에는 이라크 주재 대한무역투자진흥공사(KOTRA)가 무장 세력의 총격을 받았고 또 대우인터내셔널 사무소에 무장한 강도가 침입하여 총격전이 벌어졌으며 나아가 현대건설 사장이 바그다드 근교 도로에서 강도에게 1,500만 달러를 빼앗기는 사건이 있었다. 이러한 리스크를 범해도 기업 활동은 멈추지 않는다는 강한 의지가 한국인에게 있었다.

돌이켜보면 한일 월드컵 때도 한국인은 '이익'이라는 단어를 많이 말했다. 이 대회는 한국의 국력을 세계에 명시할 절호의 기회임과 동시에 다양한 경제적 이익을 얻을 수 있는 무대라고 언론에서 많이 외쳤고 국민으로부터도 그러한 목소리가 자주 들렸다.

여기에는 유교 사회에서의 도덕관이라는 요소가 여실히 나타난다. 즉 유교도덕이라면 이익을 배제한다고 생각하기 일쑤지만 그것은 완전한 오해라는 사실이다. 의와 이의 쌍방을 다하는 것이 유교의 본래 이상이다.

그것은 유교 안에서 가장 엄격한 도덕주의와 동기주의를 내세우는 주자학에서도 그러하다. 애당초 의만 추구하고 이를 버리면 유교가 아니게 되고 만다. 유교는 현실 정치와 행정을 올바르게 하려는 사상이지, 수도원 사상이 아니기 때문이다. 단 확실히 주자학이란 사상은 유교 중에서도 의를 강조하고 이에는 엄격하다. 하지만 3장에서 말한 '북학'은 똑같이 유교에 속해도 주자학보다 훨씬 공리주의적이라서 이러한 요소가 전면에 나오면 한국인은 의와 함께 이(利)를 거리낌 없이 말한다. 그러한 유교 세계관에 단련된 한국인의 감각과 전후 일본인의 '청결 절대주의'의 감각은 꽤 다르다.

월드컵에서도 2003년 후의 이라크 부흥지원에서도 한국의 논의에 비해 일본의 논의가 "붕 뜬 느낌"을 지울 수 없는 이유는 이 때문이다.

예를 들면 고 오카모토 유키오(岡本行夫)는 이 당시 국제사회에서 자위대의 이라크 파견이 달성할 '상징적 의미'의 중요성을 자주 설명했다. 이 경우의 '국제사회'란 미국의 입장에서 본 의미이지 일본이 주체가 아니다. 일본의 입장에서 이익이 무엇이냐는 생생한 설명이 압도적으로 결여되었다.

이것을 만약 '리얼리즘의 결여'라고 부른다면 고이즈미 수상을 비롯한 일본 정부의 주장은 역시 리얼리즘이 결여되었다고 할 수 있다. 반대로 베트남 전쟁에 대략 수십만 명을 파병했을 때의 박정희 대통령 등은 리얼리즘의 화신이었다. 정말로 사느냐 죽느냐, 존속이냐 멸망이냐 하는 아슬아슬한 갈림길에서 국민을 설득하기 위해서는 대의(의)와 국익(이)을 최대한 이용하는 방법 말고는 없지 않을까?(단 박정희 정권은 리얼리즘에 치우쳤기 때문에 주자학적 사고를 가진 야당 정치가나 재야 민주화 운동가들은 철저히 배제했다) 전후 일본인은 그러한 생생한 말을 자의적으로 배제해왔다.

헌법 9조의 존재가 알려지지 않았다

지금까지 본 것처럼 이라크를 바라보는 한국과 일본의 자세는 꽤 달랐다. 하지만 한 가지 공통점이 있었다. 말할 필요도 없이 북한의 위협이다.

일본 외무성은 미국 정권 내에서 북한 공격에 의욕적인 네오콘의 의도를 저지하기 위해 파월 국무부 장관 및 아미티지 국무부 차관의 입장을 강화하는 입장에 서야 했으며 그렇기 때문에 이라크 개전을 제일 먼저 지지했다고 한다(「每日新聞」, 2003년 12월 10일자). 북한의 위협에 대항하기 위해서라기보다 북한을 공격하려고 하는 미국 정권 내 세력을 견제하기 위해 이라크 전쟁에 휘말렸다는 말은 일본이 완전히 미국 정권 내부의 힘 관계에 휘둘리고 있음을 의미하기에 매우 안타까운 일이다.

하지만 북한의 위협 자체는 예나 지금이나 틀림없이 존재한다. 본래 반미적인 노무현 정권이 미국을 완전히 추종한 이유도 결국은 북한의 존재 때문이었다.

중요한 것은 이러한 공통 과제가 명확히 한일에 부여된 사례는 이때가 처음이었기 때문에 전후 계속 금기시한 자위대를 둘러싼 논의가 이때 단숨에 움직이기 시작한 사실이다.

자위대의 존재 자체에 그토록 신경질적인 거부반응을 계속 보인 한국이 태도를 바꾼 것은 김대중 정권 시절이었는데, 이라크 파병 때는 자위대를 해외에 파병하기로 결정한 소식을 접했어도 한국 정부와 언론은 거의 크게 다루지 않을 정도의 상황이었다. 김종필 한일의원연맹 회장은 11월 25일 고이즈미 수상과 만나 "위험한 곳에 군대를 보내지 않고 어디에 보낸다는 건가요? 안전한 곳이라면 군대를 보낼 필요가 없어요"라고 말했다고 한다(『每日新聞』, 2003년 12월 10일).

한국 정계에서의 이러한 변화는 물론 단순하게 '일본에 대한 무지와 무관심'에 기인하지 않았다. 하지만 일반 한국인은 역시 계속 모르는 상태였다. 그때까지 한국인 중에는 일본에 헌법 9조가 있는 사실도 모르고 자위대에 대해 과잉 거부반응을 보인 사람이 많았다. 한국 대학교의 외교 관계 수업에 출석한 일본인 학생의 말에 따르면 교수는 일본의 군사대국화와 군국주의화만을 특히 강조하고 일본 헌법은 일절 언급하지 않았다고 한다. 이것이 이 당시 대부분의 현상이었을 것이다. 1990년대까지는 일본을 모르는 한국인에게 헌법 9조를 설명하면 "그런 법이 일본에 있었어? 그럼 아무것도 못 하잖아?"라는 맥이 빠진 듯한 대답이 항상 돌아왔다. 이라크에 파병할 때도 일본의 실상에 관해서 잘 알게 된 후의 반응이라기보다는 일반적으로 "일본도 입장상 어쩔 수 없겠지"라는 소극적 반응이 대부분이었다고 추측한다.

일본은 자위대의 이라크 파견을 계기로 삼아 한국 사회에 헌법 9조의 존재를 다시금 설명하고 일본의 난처한 입장을 명확히 보일 필요가 있었다. 그리고 "일본은 야금야금 헌법을 개정하려고 시도할 것이다"라는 일본 사정을 약간 아는 한국인이 갖는 의심에 제대로 맞설 필요가 있었다. 즉 일본 국내에는 호헌파와 개헌파의 격렬한 대립이 있고 각자의 주요 논점은 이러이러하며 그것이 이라크 전쟁 같은 사태에서 어떠한 국내 논쟁을 불렀는지, 아울러 일본에서 헌법이란 존재의 무게가 한국과 비교가 되지 않을 만큼 크다는 사실을 이해하기 쉽게 설명할 필요가 있었다. 그렇게 했다면 한국인은 틀림없이 호헌파뿐 아니라 개헌파에도 역시 일정한 이해를 보였을 것이다. 하지만 일본 정부는 아무것도 하지 않은 채로 그러한 절호의 기회를 놓쳤다.

가장 위험한 것은 한국인이 헌법 9조를 모르는 채로 일본의 군국주의화를 싫어하고, 또 약간은 아는 한국인의 경우, 일본인은 모두 '비겁한 방법'으로 헌법개정을 꾀한다고 생각하는…, 이러한 상황을 방치하는 상황이다.

한일 관계는 '유사동맹 관계'

저명한 국제정치학자인 빅터 D. 차는 신선한 모델로 한미일 관계를 설명했다(『米日韓 反目を越えた提携』, 船橋洋一訳・倉田秀也訳, 有斐閣, 2003).

그는 일본과 한국의 관계를 '유사동맹' 관계로 규정했다. 이 말은 "동맹 관계가 아니지만 공통의 제3국을 동맹국으로서 공유하는" 관계이다. '공통의 제3국'이란 말할 필요도 없이 미국이다. 차씨는 유사동맹 관계인 양국은 '버림받거나' '휘말릴지도 모른다'는 걱정 때문에 정책을 결정한다고 말한다. '버림받는다'는 말은 "동맹국(미국)이 동맹에서 이탈하거나 유사시에 지원하지 않을지 모른다는 우려"를 의미하고, '휘말릴지도 모른다'는 말은 "동맹국(미국)과 맺은 약속이 최종적으로 안보상 이익을 훼손할지도 모른다는 걱정"을 의미한다. 그리고 '버림받을 수 있다'는 우려가 한일 관계에서 대칭을 이룬다면 역사적으로 반목했어도 양국은 협력적인 관계를 맺는다고 한다. 반대로 '버림받거나'/'휘말릴지도 모른다'는 우려가 대칭을 이루지 않으면 양국은 충돌한다고 말한다.

2003년 시점의 한일 관계는 명확하게 '버림받거나'/'휘말리거나' 쌍방의 우려가 대칭적인 상황이 되었다. 한일 양국은 이라크 전쟁에 깊게 관여하지 못하면 미국이 북한 문제에 지원하지 않을 것이라는 걱정을 공유했다. 그리고 동시에 양국은 이라크 전쟁에 참전하겠다고 약속하면 결과적으로 안보상 손해가 아니냐는 강한 우려를 공유한 것이다.

노무현 정권은 당초 이러한 '유사동맹 관계'를 싫어하여 '대륙국가'로 향한 길을 걸으려고 했지만 그 시도는 곧바로 수정할 수밖에 없었다. 반대로 고이즈미 정권은 미국과의 동맹관계 강화에만 열중하고 한국과 일본의 '유사동맹 관계'에 그다지 관심을 보이지 않았다. 하지만 미국과의 관계에만 집착한다면 그만큼 자신의 활로를 좁힐 뿐이라는 사실을 일찍 깨달았어야 했다.

얄궂다고 해야겠지만 양국 정상이 바라보는 방향과 반대로 이라크 전쟁 때 한국과 일본의 국익은 옛날보다 더욱 가까워졌다.

일본과 한국의 국익이 접근했다

자위대 파견에 관한 일본 내의 논쟁을 보며 나는 불만을 품었다. 타국과의 연대나 제휴라는 관점이 전혀 없는 '일본만' 생각하는 의견만 있었기 때문이다.

확실히 나라마다 법체계, 대의, 국익, 능력이 모두 다르기 때문에 정치적 결정을 내릴 땐 그 나라를 중심으로 생각한다. 당시 국무부 차관인 아미티지가 말했듯 이라크는 '다과회'가 아니었다. 그러니까 '유지연합'[07]에 참가한 국가들 역시 대테러전쟁뿐 아니라 자국의 이익을 중시했다고 볼 수 있다.

하지만 연대 내지 제휴라는 시점을 잊고 만다면 미국의 생각대로 될 뿐이었다. 특히 아시아에서는 미국의 전략 중에 "각국의 연대를 방해한다"는 방침이 있었기 때문에 그 전략에 속은 채로 미국 추종 노선만을 추구하면 미국의 이익에만 봉사할 뿐 아니라 아시아 각국과의 우호 관계에 손해가 될 수 있다는 사실을 깨달아야 했다.

예를 들면 '국제합의'라는 큰 관점에서 일본이 프랑스 및 독일 등을 설득하여 연대를 강화하는 방향성은 미국을 지원하거나 견제할 때도 중요했을 것이다. 그런 의미에서 일본 외교의 다각적·중층적 전략성이 전에 없이 심하게 문제되었던 국면이 이 이라크 전쟁 시기였다.

그와 동시에 아시아를 대상으로 연대와 제휴를 모색할 수 있는 길이 있었을 것이다. 한국이 그런 방향으로 나왔다. 앞서 말했듯

07) 이라크 전쟁 중 미국이 내세운 안전보장 방침에 동조하는 국가들의 연합

과거에 이 정도로 일본과 한국 정부의 국익이 가까워진 사례는 없었다. 그럼에도 불구하고 일본의 논객 중에는 한국과의 연대 내지 제휴를 주장하는 사람이 전혀 없었다. 객관적인 한국 입장의 참조라는 수준의 언급에 그쳤다.

한일 연대 내지 제휴라고 해도 그것은 전면적인 수준이 물론 아니다. 또한 '사이좋기 클럽'같은 모습도 결코 말할 필요가 없다. 한국이 "일본이 앞서면 안 된다"며 경쟁의식을 명확히 한 사실을 보더라도 그것은 확실하다. 자위대를 이라크에 파견하기로 결정하자 한국인 대부분은 "국익을 확보하는 측면에서 일본에 뒤처지면 안 된다"는 반응을 보였다.

한일의 '제3의 길'

이러한 국익의 충돌 속에서 한일의 연대 내지 제휴란 무엇인가? 그것은 국가와 국가, 정부와 정부의 전면연대라는 차원이 아니다. 그런 뜻이 아니라 양국의 내부에 다양하게 존재하는 의견의 연대 내지 제휴다.

한국에도 이라크 파병 반대파가 많이 있었고 일본에도 자위대 파견 반대파가 많았다. 이 양자가 연대 내지 제휴했어야 했다. 또한 한국에서도 일본 내 자위대가 갖는 역할을 중요하게 보고 헌법개정을 이해하는 사람이 있고 당연히 일본에도 있다. 이 양자가 연대 내지 제휴해야 한다.

한국의 대륙국가론자와 일본의 동아시아 공동체론자가 연대 내지 제휴한다. 한국의 해양국가론자와 일본의 대민관계 중시론자가 연대 내지 제휴한다.

각자의 나라에서의 국론은 사분오열의 양상을 보이지만, 그것을 고립된 한 국가 내부의 자위적 논의로 소모하지 않고 국제적인 확대를 갖게 함으로써 한일은 공통 논의의 '무대'를 창출할 수 있다.

그리고 그러한 논의의 장에 미국을 끌어넣음으로써 한국과 일본은 '미국과 일본', '미국과 한국'이라는 동맹관계에서 발상하지 못했던 '힘'을 얻는다. 일국의 안에서만 국론이 분열된 상황보다도 튼튼히 단련된 동아시아의 다양한 사상의 선택을 준비하는 쪽이 유리하기 때문이다. 그리고 이 '힘'으로 미국을 견제하고 동아시아에서의 주도권의 일부를 한일이 얻게 된다.

이러한 논의를 거침으로써 일본은 '신학 논쟁'에서 빠져나와 자기만의 국가관을 단련할 수 있게 될 것이고, 동아시아에서의 '지'의 틀도 크게 바뀌게 될 것이다. 지금까지처럼 자폐적인 논의가 아니라 새로운 세계구조를 향해 열린 '지'를 구축할 수 있을 것이다. 한일이 지금까지처럼 '국가'와 '국가'로서 대결하거나 타협하거나 하지 않고 서로 비판적인 논의를 거듭하면서 '제3의 길'을 찾아야 한다고 생각한다.

그것은 동시에 '우'냐 '좌'냐는 양자택일의 국론으로부터의 탈출이자 '미국추종'이나 '감정적 반미' 중 하나만 선택해야 하는 상황으로부터의 탈피이다. 그리고 그 길의 연장선상에는 미국, 유럽과 어깨를 나란히 하는 아시아라는 이미지가 떠오른다.

나는 한국 전문가이지만 역사적 경위도 포함해서 한국과 일본이 그러한 '제3의 길'을 지향하기 곤란함은 충분히 안다고 생각한다. 하지만 좋건 싫건 현재 일본이 아시아에서 손을 잡을 수 있는 상대는 한국뿐이다. 자본주의의 성숙도, 국민의 생활 수준, 문화적 내용…. 이러한 척도에서 생각해도 한일은 양국 국민의 표면적 이미지와 달리 사실은 예전에 없었던 수준의 공통성을 갖고 있다.

북한에 심리적으로 대항할 힘이 없는 한국

북한의 김정은 조선노동당 위원장이 트럼프 미국 대통령과 2018년 6월(싱가포르), 2019년 2월(하노이) 두 차례 정상회담에 임한 사실은 기억에 생생하다(그 외에 2019년 6월 판문점에서도 만났다). 그리고 그 회담의 실현에 한국의 문재인 대통령이 관계한 사실도 밝혀졌다.

한국을 생각할 경우, 북한이라는 요소를 어떻게 평가하면 좋을까?

북한은 남한을 합병하는 형태로 한반도를 통일하고 싶을까, 아니면 자기들의 체제만 보장받으면 충분할까? 그 부분이 매우 중요하지만 알 수 없으니까 주변국은 여러 가지 억측만 할 뿐 행동할 수 없다.

하지만 그들의 궁극적 목적이 자기들이 한반도를 통일하는 것이라고 해도, 물론 그 목적을 단숨에 이룩할 수 있는 상황이 아니다. 한반도를 단숨에 공산주의화할 수 없지만 일단 느슨한 형태의 연합국가를 만들고 양국 국민이 어떤 체제를 선택할지 정하자는 방식이라면 현실성이 있다. 김일성 주석, 김정일 총서기 시절에는 자기들이 통일한다는 목표를 강하게 내세웠다. 하지만 지금의 김정은 위원장은 체제보장이 첫 번째 목표라고 생각할 수 있다.

물론 한국에서 보면 안보에 관한 문제이기 때문에 상대방이 하는 말이 진짜인지 믿을 수 없다. 게다가 한국 보수나 일본 내부에도 현재 한국 진보 정권은 북한에 너무 다가가서 결국 병합될지도 모른다는 우려가 강하다. "문재인 정권이 스스로 그렇게 하길 바란다"는 극단적인 주장을 하는 사람까지 있어서 이상하게 억측이 오가는 느낌을 준다.

애당초 한국에 진보 정권이 등장한 배경에 북한의 영향이 있기에 북한은 무력을 쓰지 않아도 여론을 조작하여 쉽게 요구와 욕망을 실현할 수 있다는 말도 들린다. 문재인 정권은 한국인의 선택보다 북한에 영합하는 '종북 세력', '주체사상파'라 할 수 있는 진영이 북의 영향을 받아 탄생시켰기 때문에 한국인 전체의 진짜 의도와 다르다고 보는 견해도 있다.

북한 핵 문제도 매우 중요한 포인트이다. 북한이 체제보장을 위해 핵을 보유한다고 생각하는 입장도 있으나 "통일을 위한 핵"이라고 생각하는 사람도 있다. 물론 북한이 한국에 침공하기 위해서는 핵이 필요하지만 핵은 북한이라는 국가의 군사적 존재감을 전 세계에 보여주는 매우 상징적인 의미를 갖고 있다. 결국 한국인도 핵을 가진 북한을 길게 보면 설득당할 것이라고도 해서 그런 의미에서도 "통일을 위한 핵"이라는 것이다.

나는 이제 한국인의 사고 속엔 북한에 대항할 심리적 힘이 거의 없다고 생각한다. 무력행사도 언급하며 의도를 관철하고 싶은 북한이 정말로 싸우기로 결심한다면, 한국이 이에 맞서 군사력으로 전쟁을 선택할 수 있을지 매우 의심스럽다.

한국도 일본에 가까운 포스트모던 사회가 되었다. 청년층은 특히 그런 경향이 강하다. 반대로 북한은 단계적으로 조금씩 다양한 시도를 했다. 2010년 3월, 북한 한국 해군의 초계함인 '천안함'을 격침했고 그해 11월 남북 경계선에 가까운 한국 서북부의 섬 연평도를 포격했다. 2015년 8월에는 북한이 비무장지대에 매설한 지뢰 때문에 한국의 젊은 군인이 부상당한 일도 있다. 이러한 도발을 하면서 도대체 한국에 싸울 의욕이 얼마나 있는지를 북한은 계속 측정해 왔다고 생각한다.

두 사건 모두 한국 쪽에 싸울 의지는 없었다. 일을 벌이고 싶지 않다는 방향으로 움직였다. 지뢰로 인한 부상 문제가 발생하자 북한에 사죄를 요구하고 군사경계선을 넘은 북한을 비난하는 확성기 방송을 다시 시작했으나 결국 그뿐이었다. 북한은 이제 한국인은 연약해서 정신적으로 저항할 힘이 없다고 인식하고 있음이 명백하다고 생각한다.

그러니까 이러한 정신 상태 속에서 문재인 대통령이 한 일도 어느 정도 합리적이라고 생각한다. 전쟁을 하고 싶은 사람은 군인을 제외하고 한국에 거의 없다. 완전히 국민의 의식이 바뀌고 말았다. 북한에 접근하는 태도를 보이는 문재인 대통령은 자기 나라의 심리적 입장을 잘 이해하고 있다.

한국인도 끌어들이는 '주체사상'

북한에 매력이 있다면 주체사상이야말로 매력의 원천이자 근원이라고 생각한다. 확실히 말하자면 주체사상 이외에 북한의 '매력'은 달리 없다.

북한의 근본 사상인 주체사상은 원래 한국전쟁의 휴전협정을 체결한 후 북한이 소련과 중국 사이에서 자주성을 잃을 뻔했을 때 김일성이 외교적 입장에서 자국의 주체성을 내세우면서 탄생했다. 이후 주체사상은 인간을 중심으로 한 철학의 토대를 다져 혁명도덕으로 무장한 인간이 모든 것을 결정하는 주체라고 말하게 되었다. 특히 현실 외교에서 미국과 일본을 상대로 굳건한 저항자세를 보이는데, 악한 제국주의에 저항하는 것이 가장 숭고한 도덕인 것이다.

북한의 경제는 파탄났고 정치는 다른 나라에서 따라 할 수 없는 방식이지만, 한국인이 봤을 때는 주체사상은 종북 세력이 아니라도 도덕을 지향하는 사람에겐 매력적으로 보이기 때문에 좌파인 문재인 정권이 탄생하고 한국인의 심리가 북한에 끌려다니는 것이다. 도덕적으로 매력적이기 때문에 그들은 역대 보수정권의 가장 큰 약점이 자주성, 그 중에서도 역시 일본에 관한 문제라고 생각했다. 보수는 일본과 타협했지만 북한은 그렇지 않았기에 북한에 국가의 정통성이 있다는 사고로 이어질 수도 있다. 물론 한국 인으로 태어나 자랐으니 국가의 정통성은 대한민국에 있다고 분명히 생각하겠지만 마음속 깊숙이 "일본을 상대로 저렇게 버티다니, 북한은 대단하다"고 생각한다. 북한은 주체사상을 버리지 않았고, 만약 주체사상을 버린다면 북한은 사라진다.

단 주체사상의 내용을 바꿀 수는 있다. 그러니까 주체사상은 반제국주의를 표방하지만 트럼프 대통령 집권기에 북한은 '악마의 제국'인 '미제'와 접근했다. 이러한 상황의 변화를 '악마의 제국'인 미제가 "제국주의 침략자이지만, 우리나라가 사상적으로 너무 강력하기에 이제는 우리를 이해하고 발전을 도우려고 한다"는 형식으로 설명할 수밖에 없다. 단 그것은 국민을 대상으로 하는 설명이고, 사실 김정은과 측근들은 당연히 미국이 북한의 체제를 보장하고 경제를 발전시켜 주기를 바란다.

02 북한과 미국, 북한과 중국

평양의 유원지

북한이 봤을 때 핵은 주체사상의 또 다른 모습이니까 버릴 수 없다. 또한 북핵을 바라보는 한국의 입장이 애매하다. 한국은 '비핵화'를 주장하지만 남북이 통일될 때 잘하면 '핵무장한 한국'이 될지도 모른다는 희미한 기대를 품고 있다. 그러니까 더욱 성가시다. 일본은 한국의 그런 생각이 가장 위험하니까 한국의 애매모호한 태도가 위험하다고 계속 주의를 줘야 한다.

만약 남북이 통일된 후에도 한반도에 핵이 있고 중국도 계속 핵을 보유하는 상황이 발생하면 일본의 여론은 매우 민감한 반응을 보일 것이다. 미국도 "일본의 방위는 일본이 스스로 하라"는 방향성을 보인다면 당연히 일본에서도 핵무장을 하자는 움직임이 나타날 것이다.

반대로 만약 북한에 비핵화에 가까운 움직임이 발생한다면 미국이 상식에서 벗어난 수준의 양보를 했을 때 가능한 일일 것이다.

트럼프 대통령 때 폼페이오 미 국무장관은 북한에 꽤 높은 수준의 제안을 했다고 추측된다. "당신네가 지금부터 평화국가로서 살아가기 위해 가장 중요한 것은 국가의 매력을 높여서 경제발전을 하는 것이겠죠"라는 제안이다. 동아시아 전체에 있어 유리한 것은 북한이 그러한 방향으로 가고 있다는 사실이다.

나는 딸을 평양에 데리고 가서 유원지에서 같이 논 적이 있다. 이 경험이 매우 재미있다. 제트코스터 같은 놀이기구가 많이 있었는데 이탈리아제였다고 한다. 우리가 유원지에 간 날, 평양의 어떤 지구에서 많은 노동자가 놀러왔다. 몇만 명의 노동자들로 넘쳐났다. 사회주의의 사고에서 노동 후에는 철저하게 오락거리를 준다. 유원지는 관광객뿐 아니라 북한 사람들을 위해서도 필요하다. 그러한 행위를 김정은은 잘 하고 있다. 그러한 노선으로 외국에서 온 관광객을 모을 수도 있을 것이다.

김정은 정권과 군의 흥정

김정은은 스위스에 유학한 경험이 있다. 그러니까 할아버지나 아버지와 달리 자본주의도 잘 안다. 지금 김정은 정권의 중심은 합리주의자들 집단이다. 2012년 정권 발족 이래 아버지 시절에 세력을 자랑한 고참 세대의 권리나 권력을 박탈하고 새롭고 합리적이며 글로벌 지향의 젊은 테크노크라트가 권력을 쥐는 방향으로 계속 향하고 있다.

그러니까 그 부분만 주목하면 트럼프 대통령이 제안한 다양한 아이디어는 충분히 받아들일 여지가 있으며 핵에 관해서 어느 정도 양보하는 방향으로 향할 가능성은 있었다. 단 완전한 포기까지는 물론 가지 않는다. 군부도 거기까지는 허락하지 않는다. "몇십 년이나 우리의 피와 땀을 들여 만들었는데 어째서 미 제국주의의 말대로 하느냐?"고 반발하게 된다.

극단적으로 말해서 북한의 군부는 김씨 부자의 혈통이 이어지지 않아도 좋다고 생각한다. 군부는 근본적으로 항일 빨치산 활동을 통해 탄생한, 세계에서 보기 드문 훌륭한 국가를 존속시키려는 목적을 갖고 있으며 여기엔 많은 이권이 개입되어 있다. 그래서 둘 중 하나를 고르라고 하면 김정은을 제거하고 이권을 고를 수도 있다. 군부는 무력을 보유하고 있기 때문이다.

김정은과 측근들은 그러한 상황을 절대 용납할 수 없기에 '백두 혈통'이라는 미명의 신성한 혈통으로 눈속임을 한다. 하지만 언제 상황이 바뀔지 모른다. 그러니까 군부와 당은 격렬한 씨름을 벌이고 있고 미국은 아마 그 점을 주목하고 김정은에게 많은 미끼를 뿌렸다고 생각한다.

북한과 중국의 관계

북한이라는 나라의 성립과정을 살펴보자. 한국전쟁 때 중국이 북한을 도와줬지만, 건국 이전에 김일성을 포함한 빨치산 세력은 자기들의 당이 없는 상황에서 소련과 중국 공산당 아래에서 유격대 활동을 했기에 굴욕을 느낀다. 그렇기에 북한은 중국을 존경할 수 없다. 하지만 중국과 양호한 관계를 유지하고 싶기에 한국전쟁 때 중국의 도움을 받은 사실을 강조한다. 하지만 중국에 경멸을 당하고 싶지 않은 마음이 강하고 지금도 그럴 것이다.

하지만 그들은 중국을 믿지 않으며 너무 중국에 가까워지면 어떻게 되는지 잘 아니까 중국을 이용대상으로 보고 있다. 물론 중국도 북한을 이용대상으로 보기에 양국은 꽤나 건조한 관계를 유지하고 있다.

국명에 '민주주의'가 들어간 이유

북한의 정식 명칭은 '조선민주주의인민공화국'이다. 중국의 정식 명칭인 '중화인민공화국'과의 차이는 국명에 '민주주의'라는 말이 들어간 점에 있다. 사실 이 점은 의외로 큰 의미를 갖지만 평소 우리 일본인은 그다지 그 점을 주목하지 않는다. 북한의 국명에 '민주주의'가 들어간 이유는 뭔가 질이 나쁜 농담이거나 양두구육(羊頭狗肉)의 정치 슬로건에 불과하다는 수준의 인식밖에 없을 것이다.

이야기는 1948년의 한국, 북한의 건국으로 거슬러 올라간다. 이미 격렬한 투쟁의 양상을 보인 냉전 구조의 한가운데에 탄생한 양국이고 실질적으로 각자 미국과 소련의 강력한 영향 아래 성립한 사정도 있어서 각국의 입장에서 가장 중요한 정치적 입장은 한국의 경우 자유(반공), 북한은 공산주의였다. 하지만 여기에 이미 양국의 비대칭성이 드러난다. 즉 양국의 이러한 사상은 보통 생각할 수 있는 전형적인 대립축, 즉 '자본주의 vs 공산주의' 혹은 '자유민주주의 vs 독재'라는 깔끔한 대칭성을 형성하지 못했다.

여기에는 이러한 사정이 있었다. 한국의 초대 대통령 이승만(임기 1948~1960)은 물론 억척스러운 반공주의자였으나 동시에 1875년에 몰락한 양반 집안(게다가 조선왕조의 왕가인 전주 이씨 일문)에 태어난 유교 교양의 소유자였다. 이 당시 유교적인 조선 지식인은 대체로 산업·기술·상업 분야를 극도로 멸시하고 자본주의를 단순히 "탐욕스러운 돈벌이 사상"으로 이해했다. 즉 이승만은 반공주의자였지만 자본주의의 옹호자가 아니었다. 자본주의를 깊이 이해하지도 못했기 때문에 이승만 집권기에 한국경제는 거의 발전하지 못했다. 덤으로 당시 의식조사를 보면 대다수 한국인이 자본주의를 약육강식을 추구하는 악의 사상이라 간주한 사실이 뚜렷하게 나타난다.

또한 북한의 초대 최고 통치자 김일성(건국 당초의 지위는 초대 수상)은 항일 빨치산 출신의 억척스러운 공산주의자였지만 동시에 "일본에 철저하게 자유와 민주를 빼앗긴 조선 인민은 자기 힘으로 자주성을 얻어야 한다"고 생각하는 이상주의자였다. 물론 서양 자본주의 국가와 같은 자유와 민주주의가 아니지만 일단 북한은 이념상 자유와 민주를 부정하지 않았다. 자본주의가 아닌 사회주의야말로 자유와 민주를 보장하는 사상이라는 생각은 당시엔 드물지 않았다.

1972년에 김일성이 국가주석이 되어 당과 군을 완전히 장악하자 북한은 진정한 의미에서 독재국가가 되었다. 물론 그 후 지금까지 북한이 계속 독재 통치를 하고 있다는 점은 의심할 여지가 없다. 단지 형식상 헌법을 통해 최고주권기관으로 규정한 최고인민회의의 대의원 선거도 실시하고 있으며 무엇보다도 북한 국민이 "우리는 모든 것을 합의를 통해 결정하는 민주국가의 자주적 인민"이라는 강렬한 의식을 가진 점이 중요할 것이다.

2012년 내가 평양에서 주체사상을 연구하는 석학과 만났을 때 그는 "인민이 지도자(김정은)를 추대하지 지도자가 인민에게 일방적으로 명령하지 않는다"고 말했다. 어디까지나 정치 행위의 주체는 인민 한 사람 한 사람이라고 한다. 인민은 자유롭다. "단 이 자유는 서양에서 말하는 자유와 다르다. 무제한의 자유는 약육강식의 무질서한 사회를 만든다. 사회가 이상적인 상황이 되기 위해서 자유는 무제한이어서는 안 된다"고 그는 말했다. 개인의 자유를 적절히 제한함으로써 사회 전체를 이상적인 자유의 균형 상태로 만든다는 것이 주체사상의 요점이다. 서양의 자유민주주의 국가도 법·조례·규칙 같은 방법으로 자유를 적절히 적절하게 제한하기 때문에 북한과 사이에 본질적으로 차이가 없다고 억지를 부릴 수 있을지도 모른다.

민주주의를 둘러싸고 어긋나는 한일

한국은 박정희 대통령(임기 1963~1979) 이후 자본주의를 향해 매진했으며 북한은 여전히 중국처럼 개혁개방을 전개하지 않으니까 양국은 이젠 '자본주의 vs 공산주의'라는 깔끔한 대립축을 형성하고 있다. 하지만 '자유민주주의(한국) vs 독재(북한)'이라는 이항대립은 그렇게 단순하지 않다.

한국이 오랜 억압통치의 시대를 거쳐 1987년의 민주화 선언 이래 극적·정력적으로 민주주의를 실현해 왔음은 압도적 사실이다. 하지만 그것은 어디까지나 '한국적'인 민주주의였다.

우리의 기억 속에 2015년 3월 일본 외무성 홈페이지의 한국에 관한 서술이 달라진 기억이 선명하다. 한국 기초 데이터 부분에서 "(한국은) 우리나라와 자유와 민주주의, 시장경제 같은 기본가치를 공유하는 중요한 이웃나라"라는 종래의 서술이 "우리나라의 입장에서 가장 중요한 이웃나라"로 바뀌었다. 이때 어떤 외무성 간부가 "산케이 신문 문제도 있기에 한국의 법적 지배가 의문스럽다. 가치관이 같다고 할 수 없다"는 말을 했다는 보도가 있었다 (『産経ニュース』 전자판, 2015년 3월 4일 18시 50분).

위안부 문제, 징용공을 둘러싼 재판, 불상 도난, 산케이 신문 서울지국장의 가택기소문제 등 한국의 '법 지배'나 민주주의라는 가치에 대해 아베 정권, 일본 외무성뿐 아니라 많은 일본인은 확실히 위화감을 갖고 있지만, 한국의 입장에서 보면 "일본은 미국이 만들어 준 민주주의 시스템 안에서 대의제를 맹신할 뿐이며 우리나라야말로 진정한 민주주의 국가다"라는 생각이 강하다.

북한의 반격과 일본의 역할

이렇듯 한국과 일본이 서로의 민주주의에 더 큰 위화감을 품고 있는 동안 놀라운 일이 발생했다. 트럼프 대통령의 미국과 북한이 극적으로 접촉한 것이다. '체제공유'야말로 국가끼리 가까워질 수 있는 방법이라 생각하는 단순한 세계관에서 이렇게 갑작스러운 전개는 상상할 수 없는 일일 것이다. 하지만 김정은 위원장은 유학을 통해 서구 민주주의를 잘 이해하고, 군부를 중심으로 한 수구파를 숙청했던 '합리파'에 속한 통치자라는 사실을 우리는 이해해야 한다.

미국은 이 젊은 지도자가 무엇을 요구하는지를 잘 분석했다고 생각한다. 미국의 궁극적인 목적은 "북한(그리고 한반도 전체)를 친미 세력으로 만들어 중국의 영향력을 한반도 밖으로 몰아내는" 것이므로 목적을 위해서는 무엇이든 하겠다는 기세였을 것이다. 당시 폼페이오 국무장관은 "(핵 폐기 후의 북한에) 한국에 필적하는 진짜 번영을 전파하겠다"고 말했다. 이 말은 무엇을 의미하는가? 내 추측이지만 미국의 민간투자를 통해 "평양 교외에 아시아 최대의 테마파크나 경기장을 만들어 관광대국으로 만든다"거나 "아시아 최고의 대학교를 만들어 북한이 세계의 과학을 이끈다"는 식의 매력이 넘치는 제안을 미국이 비밀리에 했을 가능성도 있다.

바이든 정권의 미국은 '북한 민주화' 시나리오도 만들었을 것이다. 북한의 경제가 발전하면 인민의 의식이 상승하여 김일성과 김정일의 동상은 쓰러지고 김정은이 제거될 가능성이 높다. 하지만 다른 시나리오도 있다. 항일혁명이라는 '백두혈통'을 이 나라의 '상징'으로 설정해서 정치로부터 분리해서 계속 보존하면서 새로운 민주국가를 건설하는 길이다. 전후 일본의 천황을 '상징'으로 보존한 사실과 같은 이치이다. 김정은이 받아들일 가능성이 없지 않다.

물론 김정은이 친미화한다면 최대의 저항 세력인 군부가 김정은을 제거하는 쿠데타 시나리오도 있고 말을 듣지 않거나 혹은 약속을 지키지 않은 김정은에게 중국이 어떠한 힘을 가할 가능성도 있다. 동아시아는 매우 유동적이고 가속도적인 시대에 돌입했다.

일본은 "가치관이 다르니까 교류할 수 없다"는 수준의 사소한 논의에만 시간을 쓰지 않고 일본이야말로 동아시아의 새로운 질서 창출을 주도한다는 호탕한 마음가짐으로 한반도 정세에 임해야 한다. "군사력을 행사할 수 없다면 그러한 역할은 불가능하다"고 소리를 들을지도 모르지만 일본에는 소프트웨어 측면에서 강점이 있다. 전후 한일 사이에서 거듭해 온 화해와 번영을 위한 노력(나는 '한일모델'이라는 이름을 붙였다)을 적극적으로 좋게 평가하고 부족한 부분을 보완해서 새로운 '한일모델'을 만드는 정도의 계획을 세워야 한다.

제2부
'전후 최악의 한일 관계'를
어떻게 봐야 할까?

특히 위험한 것은 자포자기와 허무감이다

외교·정치·안전보장에 있어서 리얼리즘의 세계관에서는 주권국가가 마치 게임 플레이인 듯 항상 자국의 국익을 최대화하려고 합리적으로 행세한다는 '환상'을 전제로 한다. 이 전제는 명백한 환상일 뿐이므로 '리얼리즘=현실주의'라는 표현은 가장 환상적인 세계관이다.

만약 이 환상대로 세계가 움직인다면 학자나 싱크탱크의 시뮬레이션이나 예측대로 주권국가가 행동하니까 위기나 위험을 예견할 수 있다면 그것을 피할 수단도 물론 생각할 수 있다.

하지만 그러한 모습은 현실에는 전혀 있을 수 없을 것이다. 현실은 환상이 아닌 현실이기 때문이다. 그리고 현실은 이성뿐 아니라 절망이나 자포자기, 반항이나 광신이나 격렬한 감정에도 영향을 받아 크게 움직이기 때문이다. 동아시아로 이야기를 한정하면 특히 자포자기나 허무감이 위험할 것이다. 왜냐하면 동아시아란 또한 '주권국가'라는 개념에 충분히 익숙하지 않은 사람들의 집단이기 때문이다.

주권국가는 독립해야 한다. 그것은 자립하고 자율적이며 그런 의미에서 자기책임이라는 개념을 항상 동반한다. 하지만 동아시아의 국가들이 이 주권국가라는 형태를 띤 경우는 일본 이외에는 겨우 70년 정도 전의 일에 불과하다. 일본의 경우 150년 정도 전의 일이지만 1945년 이후에는 반대로 미국에 종속한 나라가 되어버렸기 때문에 주권국가로 지낸 시간의 길이는 다른 동아시아 국가들과 크게 다르지 않다.

19세기까지 동아시아는 명이나 청 같은 중원의 국가를 중심으로 하여 조공체제를 형성한 중화 시스템이었다. 여기에는 어떠한 의미에서도 주권국가는 존재하지 않았다.

그 중화 시스템에서 일본은 1860년대 후반에 이탈했고 류큐 왕국은 1879년 일본에 병탄(류큐처분)되었으며, 조선왕조는 1897년 대한제국이 되어 이탈했으나 이 제국은 1910년 일본에 병탄되고 말았다. 중국은 청일전쟁의 패배 후 신해혁명을 이룩했지만 반식민지가 되는 길로 계속 굴러떨어졌다.

동아시아가 그러한 종속 상태에서 벗어날 수 있었던 것은 대일본제국이 제2차 세계대전에서 크게 패배한 후였다. 우선 대한민국이 1948년 8월 15일, 다음으로 조선민주주의인민공화국이 그해 9월 9일, 그리고 중화인민공화국이 이듬해 건국되어 일단 주권국가를 만들었다. 하지만 한반도의 두 국가는 완전히 배타적인 관계가 되지 않았으며 일종의 이중권력 상태를 지속했다(어느 쪽이나 자국의 영토는 한반도 전체라고 주장하는 시기가 길었다). 그리고 한쪽은 소련 및 중국, 다른 쪽은 미국에 의존함으로써 정권을 유지할 수 있었기 때문에 완전한 주권국가로 볼 수 있는지는 학문상 논의의 여지가 있다.

일본은 일본대로 전후 미국의 점령 아래 국가의 기본인 헌법을 정하여 법적으로도 군사적으로도 미국의 힘 아래에서 계속 존속해 왔기 때문에 이를 주권국가라고 해도 좋을지 많은 일본인이 망설이고 있다.

이러한 상황에 처한 동아시아에는 자국의 책임을 생각하지 않는 정신을 갖고 자국의 일을 결정하는, 일종의 사고의 부재라 할 만한 현상이 팽배해 있다.

이해하기 쉽게 표현하면 무슨 일이든 다른 나라의 탓으로 돌려서 "우리나라가 아닌 다른 나라가 나쁘다"고 우기면 아버지 같은 강한 나라가 개입해서 자국에 좋은 일을 해줄 것이라는 유아 같은 사고를 말하는 것이다.

제2차 세계대전 전 동아시아에서는 일본이 제일 그러한 멘탈리티에서 멀었고 조선이 제일 가까웠다. 하지만 전후에는 일본 또한 급속히 유아화되었으며 특히 최근에는 "무엇이든 저놈이 나쁘다"고 말하면 강한 아버지 같은 권력자가 개입해서 일본을 위해 나서 줄 것이라고 확신하게 되었다. 일본의 한반도화이다.

세계 정상급이 되고 만 '유치한 동아시아'

긍지가 있는 인간이라면 주권국가가 해선 안 될 이러한 행동을 절대로 보고 싶지 않을 것이다. 하지만 현실은 환상과 달라서 위에서 말한 아버지와 같은 개입을 항상 요구하는 어린애 같은 국가의 모습을 자주 본다.

하지만 아직은 이런 모습만 가지고 위험하다고 할 수 없다.

왜 지금 동아시아가 위험할까? 왜냐하면 동아시아의 사고는 아직 유아기인데 경제적으로는 세계 상위권이 된 사실 밖에 그 원인을 찾을 수 없다.

당연히 동아시아는 자신과 자존심이 강해졌으며 그것이 '과거의 자신들의 처참한 모습'과 겹쳐서 그 마찰력이 비뚤어진 감정을 계속 생산하고 있다.

중국은 "과거 세계의 중심은 중국이었다. 그 지위를 다시 획득한다"는 감정을 내세워 근대 세계시스템에 대한 무모한 도전을 시작했다. 하지만 이러한 사실을 잊으면 안 된다. '과거의 중국'은 '과거의 시스템'에서 위대했지만 '지금의 세계'는 '과거의 시스템'과는 다르다. 그러니까 중국은 '지금의 시스템'에서 성장한 사실을 자랑하고 만족해야 함에도, 반대로 중국이 가장 은혜를 배신해온 '지금의 시스템'을 중국식으로 바꾸려고 하는데 이는 논리적 모순일 뿐이다.

일본은 옛날에 이런 잘못을 저질렀다. 즉 메이지 이래의 일본은 근대화·산업화·제국주의·입헌주의·자유민주주의라는 근대시스템 아래 국가를 크게 성장시킨 점을 자랑하는 데 만족하고 나아가 시스템을 옹호하는 방법이 가장 적절했음에도, 스스로 열등감에 근거한 극도의 사명감을 지고 근대시스템을 파괴하는 쪽으로 바꾸고 말았다. 그 사상과 철학(근대의 초극)은 그다지 나쁘진 않지만 군사적인 방법이 졸렬했다.

또한 한국은 "우리는 지금까지 경제적으로 약했지만 이젠 일본과 비교해도 손색이 없거나 그 이상의 경제를 자랑한다. 지금이야말로 지금까지 계속 참아 온 불만을 일본에 터뜨려 주마"라는 격정을 토로한다. 한국의 이러한 태도를 접한 많은 일본인은 이런 생각을 할 것이다. "한국이 커졌음은 인정한다. 하지만 경제가 커졌다고 해서 그렇게 위세를 부려도 좋다면 예전에 전후 일본이 한국보다도 압도적으로 컸을 때 일본은 더욱 위세를 부렸어도 좋았을 게 아닌가? 하지만 일본은 그런 짓을 하지 않았을 텐데". 물론 일본이 오만하지 않았다는 말이 아니다. 나는 오만한 일본인이 많았던 사실을 잘 안다. 하지만 전후 일본이 한국에 비해 압도적으로 컸기 때문에 그 힘을 기회로 삼아 일방적으로 한국과의 약속을 깨뜨리거나 어긴 일은 없었을 것이다.

'젊음'인가, 니힐리즘인가?

이러한 모습을 보면 정말로 정나미가 떨어지지만 이를 해석하는 방향성은 두 가지가 있다. 하나는 이러한 '능동성'을 동아시아의 생명력의 발로라고 보는 시선이다. 강상중은 이런 입장을 취한다. 그는 동아시아의 내셔널리즘의 '젊음'이라는 말을 한다. 일본의 내셔널리즘은 완숙한 상태에 접어들고 있으나 중국이나 한국이나 북한의 내셔널리즘은 '젊으며' 그러니까 기세가 강하고 직선적이고 활발하다고 한다. 이것은 즉 일본은 내셔널리스틱한 생명력이 고갈되고 있지만, 일본 이외의 동아시아에서는 생명력이 왕성하다는 말이다.

다른 전혀 반대의 입장은 이러하다. 동아시아의 내셔널리즘이란 생명력이나 젊은이의 솔직하고 건강한 발현이 아니라 반대로 니힐리즘의 발로라는 주장이다.

나는 이러한 후자의 견해를 선택한다. 그것은 사상사 연구자로서 나의 견해이기도 하지만 실제로 동아시아의 젊은 사람들과의 대화를 통해 그러한 인식을 얻었다고 할 수 있다.

나는 교토 대학의 대학원에서 동아시아 사상을 가르치고 있는데 내 연구실에는 세계 각국에서 매우 우수한 대학원생들이 모인다. 지금까지 중국, 대만, 홍콩, 한국, 러시아, 우크라이나, 헝가리 등에서 온 유학생 28명을 석사 과정·박사 과정에서 지도했다. 모두 본국에서 상위권 대학교를 졸업한 학생들이다.

학생들과 깊이 어울릴수록 그들이 안고 있는 막연한 불안이나 불만과 얼굴을 맞대고 마주해야 한다. 표면적인 부분만을 보고 있어도 모르는 부분이다. 표면적으로는 자기 나라에 긍지를 갖고 애국심의 문법에 따라 말하기도 할 것이다. 하지만 조금 마음 깊숙한 곳을 보면 그러한 직선적이고 솔직한 애국심은 거짓말이라 할 수 없지만 본심과 '차이'가 있다는 사실을 알 수 있다. "이 차이를 이해해주세요"라고 말없이 이쪽에 강요한다.

아마 "동아시아는 직선적이고 젊은 내셔널리즘의 발로의 단계"라는 식으로 말하는 사람들은 동아시아 사람들과 크고 깊게 대화하지 않는 것이 아닐까? 동아시아 사람들을 바보라고 여기면 안된다. 매일 그런 단순한 마음으로 살 수는 없다.

대학원생은 젊은 사람들이니까 물론 개인적인 고뇌도 많을 것이다. 이성, 장래, 결혼, 가족, 공부, 건강 등 개인적인 고뇌가 당연히 있다. 하지만 여기에서는 그러한 고뇌를 말하지 않는다. 나와 내가 소속하는 국가와의 관계에 대한 '응어리'이다.

동아시아 사람들이 자기 국가에 대해 직선적이고 소박한 귀속감을 갖고 있으며 거기에 만족과 긍지를 느낀다는 식으로 생각하면 안 된다. 적어도 내 주변에서 연구하는 동아시아 젊은이들은 그렇게 단순한 심성의 소유자가 아니다.

중국의 니힐리즘

중국의 젊은이는 국가와의 관계에 대해 매우 신중하며 본심을 말하지 않는다. 하지만 그렇다고 해서 "중국인은 단순하다"는 식으로 생각하면 그것은 또 다른 멸시일 것이다. 자신의 국가는 역사적으로 말해서 불만 없이 위대하다. 하지만 도대체 어떠한 의미에서 '위대'한가? 그 '위대'함이 지금의 자신과 어떻게 관계하고 있는가? 중국인은 그러한 형이상학적 의문을 갖지 않는다는 식으로 생각한다면 그것은 인간이라는 존재의 근본을 모르는 사람일 것이다.

한국인은 자유롭기 때문에 무엇이든 소리를 내어 비판하거나 의심한다. 하지만 중국인은 더욱 복잡하다. 복잡한 굴절광선처럼 세계와의 위화감을 일으킨다. 그것은 언어로 되지 않기 때문에 숨 같은 것일지도 모르며 의도치 않게 날카로워진 자기의 말투에 놀라는 표정 같은 것일지도 모른다.

중국의 니힐리즘은 우선 뭐니 해도 세계 2위의 경제 대국이 된 사실이 원인이다. 이 위대한 경제 대국은 이윽고 미국을 추월하여 세계 제일이 되는 날이 눈앞에 다가와 있고, 그 거대한 경제 규모와 같은 수준의 큰 존경을 세계로부터 얻어야 한다.

하지만 세계의 사정을 아는 중국인은 애초부터 무리라는 것을 알고 있다. 여기에 첫 번째 니힐리즘이 발생한다.

왜 무리인가? 사실 그것은 중국인 자신이 잘 느끼고 있다. 그렇지 않으면 어째서 시진핑 정권은 유교니 공자니 하는 존재를 들고

와서 대대적으로 강조하는가?

그것은 "경제냐, 인간이냐?"는 문제이다. 확실히 경제발전은 했으나 인간의 기본인권이나 존엄을 무시함으로써 이룩한 발전이 아니냐는 근본 의문이다.

전 세계 대부분의 사람이 그렇게 생각하기 때문에 중국은 단순한 미봉책으로 이 비판에 응할 수 없다. 그러니까 세계에 으뜸가는 도덕의 성인인 공자를 전면에 세워 "중국이야말로 세계에서 가장 빠른 도덕적 국가를 만든 위대한 나라이다"라는 태제를 내세운다. 여기에 두 번째 니힐리즘이 발생한다.

무엇 때문인가?

공자와 현 공산주의 정권은 일절 아무런 관계도 없음에도 '중국'이라는 카테고리를 남용해서 일체성을 위조하여 강조한다. 그리고 춘추시대의 공자와 21세기의 시진핑을 어떠한 형태로든 연결하려고 시도하기 때문이다. 이것은 단적으로 기만이다.

도덕을 꺼내서 자기의 권위를 부여하려고 꾀할 때 항상 니힐리즘은 거기에 잉태된다. 전쟁 전의 일본이 '도의의 대일본제국'을 소리 높여 외칠 때 거기에는 강렬한 니힐리즘의 느낌이 감돌았다.

도덕성을 강조할 때 일상과 도덕에 괴리가 발생하며 그 틈으로 니힐리즘이 침투한다. 사람은 자기 국가나 공동체의 도덕성을 믿고 싶지만, 믿기 위한 증거는 전무하고 대신 고대의 '성인'의 말만 있다. 이것을 믿는다고 해도 현대 중국의 지식층에게는 무리이다. 그러나 믿는 시늉은 해야 한다. 니힐리즘은 진행되어 흰개미처럼 국가의 가람(伽藍)을 좀먹어 간다.

한국의 니힐리즘

내가 관찰한 한도에서 동아시아 안에서 한국 청년이 가장 강한 '국가와의 어긋남'의 감각을 갖고 있다.

이에 대해 "국가나 사회와의 어긋남"에 관해서 동아시아 내에서 일본 청년이 가장 둔감하다. 기존 시스템이나 관습에 대해 먼저 순응하는 길을 생각하는 사람이 제일 많다. 물론 일본의 청년은 개인적으로 많이 고민하지만 이 고뇌가 국가나 사회라는 존재와 연결된다는 것이 일본의 특징이다. 혹은 단번에 나쁜 '사회학적 환원(저자의 조어)'을 하며, "어쨌든 사회의 탓이야"라는 회의감에 빠지게 되는 사람도 꽤 있는 듯하다(내 연구실엔 그렇게 단순한 사람은 없다).

한국인이 갖는 '국가와의 어긋남' 감각을 일본인도 더욱 정확히 이해하는 쪽이 좋다고 생각한다. 몇 년 전에 한국 청년이 자국을 '헬조선'이라 부르는 것이 유행했는데, 이때의 해설로는 "한국에서는 고학력이라도 취직하기 어렵기 때문에 그러한 사회를 향한 불만을 표현하는 말"로 쓰는 경우가 대부분이었다. 이것은 한국인을 업신여기는 해설이라고 생각한다. '헬조선'이라는 자학은 그렇게 단순하고 자기의 이익에만 초점을 맞춘 말이 아니다. 그것은 또렷하게 말로 표현할 수 없는 정말 막연한 국가나 사회를 향한 위화감, 어긋남, '이상한 느낌'을 종합적으로 표현한다.

이것이 가장 명확한 비판의식을 갖게 되면 정치적 입장을 명확히 하거나 기득권층에 대한 강렬한 저항자가 되기도 하는데, 그러한 단순화되기 쉬운 '선택'에 의해 결코 회수되지 않는, 말하자면 '세계적인 위화감'이 한국의 우수한 청년을 전체적으로 뒤덮고 있다. 저출산의 원인도 정말로 여기에 있다.

한국의 니힐리즘은 기본적으로 자기 역사를 직시할 수 없는 부분에 발생한다. 이것은 중국, 북한, 일본에도 공통된 사항이지만 한국의 경우, 역사 인식 그 자체가 정권의 정통성과 직결되기 때문에 여기에 허위가 활개를 친다.

주자학적 전통과 대일본제국의 '도의국가'라는 컨셉의 영향을 받아 한국은 자신을 도덕적인 국가, 정의로운 국가로 규정하고 싶어 한다. 이 도덕이라거나 정의 같은 개념이 위험한 것이지만, 한국인은 그 위험성을 그다지 느끼지 못하는 듯하다.

일상생활과 다른 도덕이니 정의니 하는 개념이 일상을 지배했기 때문에 국민의 삶은 소외된다. 이념이나 정책 때문에 한국인의 인생은 헛되다.

국민의 삶을 저해하는 다른 요인은 경제발전 지상주의라는 병폐이다. 한국 국민은 삶 자체를 살기보다 반대로 정의니 경제니 하는 개념이나 이념에 따라 사는 역전현상이 일상화되고 있다. 이 나라의 생명은 정의와 경제이며 국민은 그 생명을 위한 수단이라는 역전현상이다.

한국에 대한 일본인의 니힐리즘

대다수 일본인은 국가로서 한국의 행동에 반감이나 위화감을 갖고 있을 것이다. 당연하다.

2005년 야마노 샤린이 그린 『만화 혐한류(晋遊舍)』가 간행될 쯤부터 일본 안에서 '혐한'이라는 현상이 현저해졌다. 하지만 내 체감으로 말하자면 매우 많은 일본인이 '혐한' 감각을 갖게 된 것은 2012년이었다. 이 해 당시 이명박 대통령이 돌연 독도에 상륙하고, 또 "천황이 한국을 방문하고 싶다면 독립운동가의 자손에게 사죄하라"는 발언을 한 여파가 컸다. 내 주변에 있는 많은 한국문화 팬들이 이때부터 단번에 혐한 감정을 갖게 되었는데 실로 무시무시한 전향이었다.

2013년에는 막 취임한 박근혜 대통령이 한국 외교의 우선순위는 '미국, 중국, 일본' 순이라는, 말하지 않아도 될, 믿을 수 없는 발언을 했다. 선진국 정상에게는 차례대로 '고자질 외교'를 하고 "가해자와 피해자의 관계는 천 년이 지나도 달라지지 않는다"고 연설했다.

2015년 말에는 위안부 문제에 관한 역사적인 '한일합의'를 발표했지만 그 후의 한국 사회는 이에 반대하는 시민운동단체의 부조리한 주장에 지배되어 문재인 정권은 이 합의를 무시하는 등 정부 간 국제합의를 매우 간단히 파기했다.

2018년에는 한국의 대법원(일본의 최고재판소)가 징용공 피해자에게 일본 기업이 보상금을 지불해야 한다는 판결을 내렸다.

2021년 1월에는 위안부 문제에 관련해서 서울 지방재판소가 일본 정부에 배상명령을 하는 판결을 내렸다. 그 후 4월의 다른 재판 판결에서는 '주권면제'의 이유에 따라 소송이 기각되었으나 그런 결과로 납득할 일본인이 아니다.

일본인의 내면에서 이제 한국을 "신뢰하고", "성실한 자세로 손상된 관계를 복구하려고 노력한다"는 식의 사고가 사라졌다고 볼 수 있다. 결국 한국이라는 나라에 배신당한다는 인식이 일본 안에서는 점점 확고해졌다.

나는 '친한파'의 입장에 서 있으나 "한국은 정당하고 일본은 잘못했다"는, 사고가 정지된 듯한 주문을 읊는 '종한파(從韓派)'가 아니기에 많은 일본인이 한국에 체념, 혐오, 반감을 품고 있는 사실도 잘 안다.

하지만 안전보장이나 경제 측면에서 한국과 결렬할 수 없으며 특히 문명론적으로 본다면 미국과 중국이 문명적인 대립구조에 돌입하고 있는 현재 일본이 협력해야 할 상대는 한국뿐이다.

여기에서 발상을 크게 전환할 필요가 있다.

즉 한국은 확실히 제대로 된 국가가 하면 안 될 행동을 하고 있으나 "그렇다면 애당초 한국이란 국가인가?"라고 생각해 볼 필요가 있다. 한국이 제대로 된 국가라는 전제로 보니까 제대로 된 국가로서 행동하지 않는 한국을 상대로 화를 내거나 멸시하고 만다.

하지만 애당초 한국이란 제대로 된 국가일까?

그렇지 않다는 생각에서 시작하면 어떨까?

한국이란 '운동단체'이다

애당초 한반도에는 두 개의 국가가 있다. 이 두 국가 모두 유엔에 가맹했으므로 일단 한반도에 서로 배타적인 두 개의 국가가 있다고 볼 수 있을 것이다. 하지만 이 두 개의 국가가 1991년 유엔에 가입하기 전에는 각자가 당당히 "우리 영토는 한반도 전체"라고 우겼다. 지금은 예전처럼 강하게 주장하지 않지만 한반도에서 두 국가의 주권의 관계성은 꽤 복잡하다.

조선 왕조, 대한제국까지 한 나라였지만 독립 후 둘로 나뉘었다. 그리고 1950년 발발한 한국전쟁은 아직 휴전 상태이다. 북한 독재체제에서는 당연히 자유와 민주주의가 결여되었지만, 한국도 국가보안법이라는 옛날 일본의 치안유지법 같은 악법이 있다.

1948년 대한민국의 성립 이래 현재까지의 역사를 아는 사람이라면 이 나라가 심상치 않은 연속된 변화를 이룩해 와서 현재에 이르렀음을 알 수 있다. 일본처럼 사회의 안정성을 최대의 가치로 보는 나라와 근본적으로 전혀 다르기에 한국은 계속 변화했다.

당연히 헌법이나 법의 '무게'가 일본과 전혀 다르다. 국가 자체가 가볍고 유연하고 변화로 인한 마찰이나 데미지에 대한 탄성[Resilience]이 있다. 국가 자체가 필요 이상으로 둔하고 극도로 굳어 있으며 변화에 대한 공포가 지배하는 일본과 근본적으로 다르다.

한국은 일본인이 상식적으로 "이것이 국가다"라고 상상하는 국가가 아니다. 한국을 국가라고 생각하지 않는 쪽이 좋다. 오히려 "국가 없는 운동단체"라고 생각하는 편이 좋다. 한국뿐 아니라 북한, 중국, 대만도 정상 국가가 아니다. "지금도 정상 국가가 되기 위해 운동하는 어중간한 상태의 국가"이다.

이 나라들을 폄훼하는 게 아니다. 애당초 전 세계에 200개 가까

운 국가가 있는데, 그중 정상으로 제대로 된 국민국가, 주권국가
는 얼마나 있단 말인가? 유엔에 가입했다고 해서 정상이고 제대
로 된 국민국가, 주권국가라는 의미가 아니다.

특히 동아시아는 냉전이 아직 계속되는 지역이다. 중국도 한국
도 이데올로기 때문에 깔끔하게 둘로 나뉘고 말았다. 이 나라들을
정상이고 제대로 된 국민국가, 주권국가로 인식하는 자체가 잘못
되었다.

한국은 항상 혁신을 추구하며 운동하는 단체이다. 특히 문재인
정권의 중추에는 그러한 사고가 매우 강하다. "정의와 혁신을 추
구하여 운동하는 단체야말로 국가이다"라는 인식을 갖고 있다. 이
러한 사고에서 보면 "정의와 혁신을 추구하지 않고 운동하지 않
는 단체"인 일본 따위는 제대로 된 정상 국가가 아니다. "대한민
국이야말로 훌륭한 나라이며 부도덕하고 반성하지 않는 일본이야
말로 국가로서 결함이 있다"는 것이 이 정권의 근본 사고이다.

이 생각을 일본인은 이해해야 한다. 보통 일본인의 감각으로는
도저히 이해할 수 없을 것이다. 하지만 이해해야 한다. 어째서인
가? 정말로 그러한 근본 사상을 갖는 나라가 일본의 바로 옆에 있
기 때문이다. 한국도 북한도 이 근본 사상의 부분은 같다. 그러니
까 이 생각을 이해할 수 있느냐 없느냐는 일본의 사활이 달린 문
제이다.

일본은 '국가 없는 불변의 단체'이다

일본의 니힐리즘의 근원에는 "일본이야말로 제대로 된 국가"라
는 확신이 있다. "일본은 성실한 국가이다. 일본은 제대로 된 법치
국가이다. 일본은 국제적으로 신뢰를 받는 일급 국가이다. 일본은
경제대국으로서 존경받는 국가이다. 일본은 평화국가로서 국제
적으로 중요한 역할을 다하고 있다. 일본은…". 이러한 인식은 결
코 잘못되었다고 할 수 없지만 안타깝게도 일본인은 종교를 믿듯

이런 인식이 너무 강하다. "일본은 제대로 된 일류 국가이다"라는 긍지를 가지면 좋지만 이런 인식 때문에 국가에 관한 모든 사고가 정지하면 안 된다. 현실을 직시해야 한다. 보수도 좌파도 이러한 "일본은 제대로 된 국가"라는 환상이 너무 강하다.

사실 일본에 사는 사람 누구나 자국의 수준이 낮다고 느끼곤 있으나 큰 소리로 말할 수 없었는데, 코로나라는 상황 속에서 허둥지둥 실효성 낮은 대책들만 내놓으면서 모든 것이 명백해졌다.

일본인은 일본 사회가 "움직이지 않는다"는 것이 일본이라는 국가가 정상임을 증명한다는 사고방식에 너무 익숙해졌다. 그런 사고방식에 따르면 불안정한 움직임 자체는 국가의 흠으로 인식된다. 물론 법과 사회의 안정성은 중요하다. 한국처럼 불안정한 사회에서 살게 되면 엄청난 스트레스를 받는다.

그런데 예를 들어 자기들이 만들지도 않은 헌법을 절대로 건드리면 안 존재로 간주하여 아무것도 손대지 않아야 '정상국가'라고 생각하는 수구지상주의(좌파와 리버럴)가 일본 사회에서 너무 큰 힘을 갖고 있다.

일본은 "움직이지 않기" 때문에 정상인 국가가 아니다. 정상국가라면 근본적인 법체계든, 문화나 사회적 합의라도 과감하게 바꿀 수 있다. 그런데 바꿀 수 없다면 일본은 한국과 다른 의미로 '정상국가'가 아닌 '수구와 불변으로 응고된 단체'일 뿐이다. 한국이 "너무 움직여서 국가가 아니"라면, 일본은 "너무 움직이지 않아서 국가가 아닌" 것이다.

이제는 일본도 외부의 영향을 받지 않고 자발적으로 움직이면 어떨까? 정상적인 국가라면 가능할 것이다.

일본의 젊은이에 대한 좌파의 정신폭력

예를 들면 좌파나 리버럴은 "일본은 헌법 9조를 갖고 있으니까 훌륭한 나라, 이를 바꾸려고 하는 여당이나 보수는 악의 세력"이라는 지나치게 튼튼한 신념체계를 갖고 있다. 나는 대학 교수니까 평소부터 대학생들을 접하고 있다. 보통 일본의 젊은이는 고등학교를 졸업할 때까지는 정치에 관심이 없다(이것도 한심한 풍습이다). 대학생이 되어서야 겨우 정치나 사회에 현실적인 관심을 가지려고 할 때 그들이 처음으로 만나는 사람은 대학 교수인 경우가 많다. 대학 수업에서 정치 이야기를 할 기회도 있을 것이다.

나는 그러한 대학생들이 무엇을 두려워하는지 잘 안다. 아카데미즘이라는 장소에는 좌파나 리버럴이 아직도 압도적으로 많다. 그러한 사람들은 모두 하나 같이 '무섭다'. 아직 많은 지식을 갖지 못하고 앞으로 정치의식이나 자신의 견해를 연마하려고 생각하는 젊은이를 대상으로 좌파나 리버럴 호헌주의자는 무서운 위압을 가한다. 좌파나 리버럴의 패러다임에서 조금이라도 벗어나는 발언을 한다면 "자네, 그런 생각을 하니까 안 돼"라고 말하거나 "그런 생각으로 폭주하면 나치와 똑같아진다"라거나 "그런 생각을 갖는 인간은 애당초 이 문제에 대해 말할 자격이 없어"라는 식의 '위협'을 가한다. 대학교에 들어와서 처음으로 정치적인 의견을 말해보려고 용기를 내는 젊은이를 향한 엄청나게 무례한 폭력이다.

젊은이의 입장에서 본다면 그런 아저씨, 아주머니들에게 그저 "왜 이렇게 무섭게 구는 거야?"라는 느낌이 들 뿐이다. 수업에서 "이런 발언을 하면 화를 내겠지?", "또 '그것은 아베와 똑같은 사고방식이야' 아니면 '나치와 똑같다'고 말하지 않을까?"라는 공포심을 갖고 만다. 어쨌건 좌파나 리버럴 아저씨, 아주머니 지식인들은 입버릇처럼 '나치', '아베'라고 말하며 학생을 협박한다. 현명한 학생은 그러한 부조리한 폭력에서 가장 먼저 도망쳐서 일체의 정치적 존재로부터 거리를 둔다. '자유롭게 생각하니까 화를 내? 바보 같이 살겠다'는 생각이다. 하지만 매우 진지한 학생이나 애당초 음모론이나 세뇌에 사로잡히기 쉬운 학생은 불쌍하게도

'그래, 이런 생각을 하면 나치가 되는 건가? 나는 반드시 정치적 올바름을 지키겠어. 절대로 잘못된 말을 하지 않도록 신경을 쓰자'고 생각하게 되어 '정의의 덩어리'가 되려고 한다.

이것은 명백한 개인의 정신에 대한 폭력이다. 일본의 구제하기 힘든 니힐리즘의 원천 중 하나가 이러한 '수구절대주의'에 있다.

제8장 언론의 한일관
01 전 '서울지국장' 네 명의 한일론

신간 네 권에 대한 서평

2020년 나는 '현대한국조선학회'의 학회지 편집위원의 의뢰로 한국보도 일선에서 활약 중인 일본의 에이스급 언론인이 쓴 신서 4편에 대한 서평을 쓰게 되었다.

◎ 미네기시 히로시(峯岸博, 니혼게이자이신문 편집위원 겸 논설위원, 전 서울 지국장)이 쓴 『한일의 단층(日韓の断層)』, 닛케이프리미어시리즈(日経プレミアシリーズ) 2019년 5월.
◎ 마키노 요시히로(牧野愛博, 아사히신문 편집위원, 전 서울 지국장)이 쓴 『르포 '단절'된 한일 어째서 지금까지 서로 이해하지 못할까?(『ルポ「断絶」の日韓 なぜここまでわかり合えないのか』)』 아사히신서, 2019년 6월.
◎ 이케하타 슈헤이(池畑修平, NHK보도국 기자 주간, 전 서울 지국장)이 쓴 『한국 내부의 분단, 갈등하는 정치, 피폐한 국민(韓国内なる分断 葛藤する政治, 疲弊する国民』, 헤이본샤 신서, 2019년 7월
◎ 구로다 가쓰히로(黒田勝弘, 산케이신문 서울 주재 객원논설위원, 전 서울 지국장)이 쓴 『한국음식정치학(韓国めし政治学)』, 가도카와신서, 2019년 3월.

이번 장에서는 이 책들에 대한 서평을 소개하고 싶다. 일본을 대표하는 언론인들이 한국이나 한일 관계를 어떻게 논하는지 그 경향을 내 나름대로 분석했다. 일본의 언론이 한국을 어떻게 인식하는지 일부가 보일 것이다.

편집위원회는 나와 상의도 없이 2019년 3월에서 4월 사이에 간

행된 이 네 편의 책들을 고르고는 "서평 한 편 분량으로 정리해 달라"는 억지를 썼다. 그러니까 훌륭한 책들을 냈지만 여기에 선정되지 못한 언론인 분들께서 나한테 화를 내시지 않았으면 좋겠다. 그리고 선정되어봤자 학문적으로 변변치 못한 내가 마음대로 평가한 것이기 때문에 그리 좋아할 것도 아니다.

각 언론사의 서울 지국장을 경험한 4명의 언론인이 쓴 신서였고 간행 시기가 비슷하기 때문에 편집위원회가 이 네 편의 책을 골랐을 것이다.

간행 시기를 보면 알 수 있듯이, 네 권 모두 박근혜 전 대통령의 퇴진부터 문재인 대통령의 취임 후 2년 정도의 시기를 중점적으로 다룬다. 물론 구로다의 책은 음식에 관한 책이니까 가장 긴 시기를 다루고 있고(1980년대 초 박근혜 씨와 회식한 이야기 등), 마키노의 책에서는 마치다 미쓰구(町田貢) 전 주한 공사의 회고라는 형식으로 전후 한일 관계 전체를 간추려 설명하는 데 비중을 많이 할애했다. 하지만 논의의 초점은 역시 박근혜 정권 말기에서 문재인 대통령 임기 전반의 한일 관계이다.

과연 1급 언론인들이 쓴 책들인 만큼 그 시기 한국 정계의 움직임이나 한일 관계에 관해 날카롭고도 이해하기 쉽게 서술했지만, 이 자리에서 나는 어떤 책이 더 좋은지 우열을 가리고 싶지 않다. 애당초 나에겐 그럴 능력도 없을뿐더러, 편집위원회도 그런 의도로 의뢰하지 않았을 것이다.

나는 일본을 대표하는 언론사들에서 활약하는 언론인들이 이 시기의 '한일 관계와 한국 사회를 어떻게 보느냐?'는 기본 전망에 대해 어떠한 인식 체계를 공유 혹은 파괴하려고 하는지를 사상사적 시각에서 검토하고 싶다.

덧붙이자면 구로다의 책은 한국인의 음식과 정치에 관한 내용이니까 다른 세 권과는 성격이 꽤 다르다. 본래 구로다의 한국관의 본질이 나오는 『이웃나라로 향한 발자취: 서울 주재 35년 일본

인 기자가 추적한 한일역사사건부(隣国への跡席 ソウル駐在35年日本人記者が追った日韓歴史事件簿, KADOKAWA, 2017)』를 분석하고 싶지만 이 책은 신서가 아니고 간행 시기도 다른 세 권과 다르기 때문에 편집위원회의 의뢰에 따라 『한국음식정치학』을 다룬다.

'단절'에 대한 인식

구로다의 책 이외의 세 권의 주제에는 공통적으로 '단(斷)'이라는 글자를 쓰고 있는 점에서 이미 상징적인데, 한일 간 '단절(미네기시, 마키노)' 및 한국 내부의 '단절(이케하타)'이라는 사태가 이 책들이 공통적으로 갖는 비판의식 및 위기감이라 생각된다.

'단절'이라고 하면 그러한 사태들이 발생하기 전까지는 '가까운' 상태였다는 인상이 있을 것이다. 그리고 이러한 평가에는 한국과 일본, 그리고 한국의 정계는 원래 서로 가까웠지만 불행하게도 갈라지고 말았다는 인식이 있는 듯하다.

이러한 인식의 문제점에 관해서는 이번 장 마지막에서 쓰고 싶지만, 분명 현재 한일은 사실상 '단절'되었으며 또한 양호한 관계가 아닐 것이다. 한국과 관련된 대부분의 일본인은 지금의 한일 관계를 정상이라고 생각하지 않을 것이다.

그렇다면 그 비정상 상태의 연원과 성격은 어디에 있을까?

그러한 의문을 중심으로 지금부터 네 편의 책에서 논의하는 내용을 구체적으로 검토하겠다.

한국 청년층의 의식

우선 미네기시는 '한국 사회의 의식 변화(5쪽)'에서부터 한일 관계의 악화를 설명하려고 한다. 예를 들면 한국 20대는 국가보다도 개인을 우선하는 특징을 갖고 있기 때문에 "징용공 피해자나 위안부 피해자의 인권 문제에는 제일 민감하다(211쪽)"고 말한다. 일본의 독자로서는 이러한 부분을 더욱 알고 싶을 것이다. 이런 설명이라면 한국 젊은이가 징용공이나 위안부 문제에 강한 관심을 보이는 것은 내셔널리즘을 위해서가 아니라는 의미가 되는데 만약 그렇다면 구체적으로 어떠한 심리가 그들을 지배하느냐가 핵심 문제가 된다고 생각한다.

여기에서 진창수 세종연구소 일본연구센터장의 "한국 젊은이에게는 징용공 문제에서도 개인의 청구권은 있다고 생각하며 협정과 관계없이 철저히 일본과 대화해야 한다는 의식이 있다(210쪽)"는 설명이 등장한다. 하지만 한편으로 "문재인 정권에 가까운 대학교수"는 이러한 문제들은 "70% 이상은 한국 국내의 문제"라고 말한다(107쪽). 저자는 "현대사를 둘러싼 보수와 혁신 세력의 보복전의 색채가 강하다는 의미(107쪽)"라고 해설한다.

이상과 같이 매우 흥미로운 두 개의 틀을 이 책은 제시한다. 독자는 이 논점에 관해 더욱 깊이 파고든 논의를 듣고 싶지 않을까? 그렇게 신경 쓰기만 해도 신서라는 스타일의 역할을 충분히 다한다고 생각한다.

이 책은 그 외에도 '법에 대한 순종(일본)'과 '정의(한국)'의 대립과 '어리광'을 부리는 한국의 체질, '반일무죄'와 '자각 없는 반일'의 문제도 언급한다. 그리고 말미쯤에서 주일 대사를 지냈던 최상룡이 말한 '구동존이(求同存異, 작은 차이는 남기고 공통점을 찾자는 의미)'의 정신을 인용하는데, 아마도 독자들은 '제멋대로 행동하려는 한국을 어떻게 상대해야 공통점을 찾을 수 있을까?'라는 의문을 품을 것이다. 이러한 의문을 느끼게 한 점을 봐도 이 책은 성공했다고 볼 수 있다.

한일청구권협정은 '세세한 법리'

다음으로 마키노의 책은 한일 관계 악화에 대해서는 한일 쌍방에 문제가 있다는 입장을 내놓는다. 예를 들면 위안부 합의에 관해서도 아베 수상 스스로 사죄 발언을 하고 위안부 피해자를 위문

하는 쪽이 좋았다고 명확히 말한다(5쪽). 일본도 큰 문제가 있다고 명확히 지적한 사실은 특필해야 한다. 하지만 저자의 말에 따르면 문제는 한국 측에 더 많이 있다. 자신이 한국 당국에 탄압받고 미행당한 경위를 서술하면서 한국을 뜨겁게 비판한다.

우선 레이더와 욱일기 문제를 상세히 서술(1장)한 후 징용공과 위안부 문제를 말한다(2장). 인상 깊은 부분은 필자의 지인인 한국 사법기자의 "청구권 협정에서 징용공 문제도 완전히 해결했다거나 그러한 세세한 법리는 평범한 한국인은 이해하지 못한다"는 발언이다(73쪽). 한일의 법적 관계가 갖는 가장 큰 근간이 되는 요소를 "그런 세세한 법리"라고 말해버리는 한국 측의 감각을 일본인이 이해하기는 곤란할 것이다.

마키노의 책이 갖는 특색은 분량이 많은 제3장에서도 가장 오랫동안 한일 관계에 관계한 일본인 외교관 중 한 명인 마치다 미쓰구 주한 공사의 경험과 이야기를 통해 이승만 시절부터의 한일 관계를 개관한 점에 있다. 독자는 여기에서 현재 한일 관계를 과거로부터의 연장선으로 이해할 수 있을 것이다. 4장과 5장에서는 문재인 정권의 자기중심적이고 기회주의적인 행동 사례들을 말하여 독자에게 "이 정권은 너무 심각하다"는 인상을 준다. 그리고 마침내 아사히신문에 마키노 본인이 쓴 기사 때문에 "청와대 무기한 출입금지" 조치가 취해졌음을 말한다.

마키노 씨는 한국 정권이 너무하다고 계속 말하지만, 동시에 고토다 마사하루(後藤田正晴) 전 관방장관의 "전쟁을 체험한 기억을 가진 중국인과 한국인이 한 사람이라도 살아 있는 동안에는 헌법을 개정하자는 말을 꺼내면 안 된다"는 발언을 두 번이나 인용해서 강조했다. 하지만 조금 갑작스러운 인용인지라 설득력이 충분해 보이지 않아서 안타깝다. 마키노의 책은 저자 본인이 지금까지 쓴 기사의 내용이나 언론계에서 보여 준 세련된 모습만큼 고상한 분위기까지 감돈다.

보수파 타도의 영속화

다음으로 이케하타의 책은 한일 관계보다도 오히려 한국 국내의 갈등 및 남북 분단의 분석에 주력한다. 이 주제에 관해 기본적이고 정확한 약도를 이해하고 싶은 사람(예를 들면 대학생)이 읽기에 최적인 책으로, 균형이 잡혀 있고 객관적으로 서술하고 있다.

특히 "문재인은 반일이다"라는 인식에 대해 명확하게 "문재인 정권이 들어선 후 한일 관계가 정치적으로는 심하게 악화된 것은 결과적으로 보면 그럴 뿐"이며 그의 '미래지향'이라는 말은 거짓이 아니라고 한다(19쪽). 문재인이나 "진보파는 현재 일본이라는 나라나 일본인이 아닌, 같은 한국인 내부에 있는 보수파를 청산하고 싶어한다(21쪽)"이며 "보수파 타도의 영속화(27쪽)"를 기도한다고 한다. 다른 세 편의 책도 이와 비슷한 인식을 갖고 있으나 이케하타의 책은 특히 이 점에 초점을 맞춰 서술하고 있다는 특징이 있다.

문재인 등 진보파의 입장에서 본 보수파란 일본과 유착하여 대한민국을 도덕적으로 부패하게 만든 세력이다. 박근혜의 아버지인 박정희는 정말로 뼛속까지 친일파 자체였던 민족반역자이다. 그의 딸(박근혜) 또한 민족의 도덕적 정통성을 유린한 반역자임은 말할 것도 없다. 이 보수파들은 민족의 정통인 항일운동가나 민주화 세력을 부당하게 폄훼해 왔다. 부조리하게 짓밟혀 온 이 도덕적 세력들을 복권하여 역사를 바꿔버리는 것이 진정한 "적폐 청산"이다.

예전에 청와대에서 일했던 고관의 말에 따르면 한국에서는 대통령이 결정할 수 있는 9900개의 보직이 있다고 한다(36쪽). 그러한 '다이내믹 코리아(56쪽)'에 있어서 박근혜의 입장은 새누리당 의원의 말에 따르면 "이 나라를 친북파 세력으로부터 지키는"것이며 그녀가 정책에 능하기 때문이라거나 우수하기 때문이라는 이유로 그녀를 대통령 후보로 만들지 않았다고 한다(110쪽). 그런 그녀와 신흥 종교의 교주인 최태민과 최순실 부녀가 맺은 수십 년 전부터의 관계를 꼼꼼히 서술함으로써 박근혜의 고독과 정념을 묘사하는 데 성공했다.

문재인 정권의 '적폐 청산'이라면 일본에서는 부정적으로만 인식하며 이케하타도 책에서 강하게 비판하지만, 한편으로 "일본에서는 상상하기 힘들 정도로 정부나 사회 곳곳에서 변화가 발생하는 것도 확실하다(210쪽)"라는 이유로 사례를 들기도 한다. 일본인은 문재인 정권의 행동을 아무리 생각해도 이해할 수 없지만, 한국인은 당초 그것을 대환영하며 지지했음은 사실이니까 그 점도 명료하게 일본인에게 제시함이 중요하다고 생각된다. 그런 의미에서 이케하타의 책은 균형 감각이 풍부한 서술 방식을 취하고 있다.

'혼밥'은 인기 없는 박근혜의 상징

마지막으로 거물 구로다 씨의 책인데 이 책에는 이른바 '분석'은 없다. "밥과 정치"가 주제인데 여기에서 정치란 오로지 정치가라는 인간의 이야기이지 한국 민주주의의 성질이 어쨌느니 하는 어려운 이야기는 하지 않는다. 왕년의 '킹메이커' 김윤환이 비길 데 없는 애견인(먹는 쪽)이었던 이유는 정치가로서의 힘의 과시가 아니었을까(10장)라든가, 광화문에 있던 회전초밥집이나 맥주집 겸 커피숍에서의 정치인들의 변화무쌍한 인간관계(8장)라든지, 남북정상회담에서의 음식의 과잉연출(1, 2, 3장) 등에 관한 '구로다부시(黒田節)[08]'를 만끽할 수 있다. 그 중에서도 특히 1970년대 어머니뿐 아니라 아버지도 암살당해 실의에 빠진 박근혜 씨와 1980년대 초에 만나서 식사를 한 에피소드가 제일이다(4장).

대통령이 된 후에는 '불통'이라는 악명을 얻고 청와대에서도 거의 혼자 식사를 하는 '혼밥러'였던 점이 인기 없는 박근혜 대통령의 상징이 되었다. 하지만 다른 각도에서 본다면 그녀야말로 옛날 방식 '일밥'을 거부하고 여성이 '혼밥'을 즐기는 시대의 선두에 선

---

08) 후쿠오카의 민요로 술자리 같은 장소에서 부른다.

"멋있는 여성"이라고 한다. 지금의 한국인에게는 전혀 와 닿지 않는 말이지만 5년 후에는 많은 한국인이 "정말 그대로였다"고 말할 것이라고 한다.

02 담과 분열이야말로 평범한 상태

한반도는 언제 통일되었을까?

이렇듯 네 편의 책 모두 각자의 특색을 갖고 현재의 한국 및 한일 관계를 훌륭하게 분석했다. 과연 대단하다고 할 수 있다.

지금부터는 위의 네 권의 책에 대한 비판이 아니지만, 사물을 보는 방식, 사고방식의 근본에 관계된 문제를 쓰기 때문에 조금 나자신의 견해를 말하고 싶다.

이야기가 주제를 벗어나서 황송하지만, 나는 종종 대학 수업 등에서 "한반도는 언제 통일되었는가?"라는 질문을 한다. 북한의 공식 역사관으로는 고려가 한반도를 최초로 통일했다. 한국에서는 예전에 신라(356~935)가 최초로 통일했다는 의견이 확고한 역사관이었지만 최근에는 북한의 영향을 받아 그런 말을 하지 않는 사람들도 늘었다. 신라는 당과 야합해서 백제, 고구려라는 "같은 한 민족의 국가"를 멸망시켰고, 덤으로 고구려의 옛 땅을 잃었으니까 민족 반역적인 악의 국가라는 것이 북한의 역사관이다. 한국에서도 최근에는 이러한 역사관의 영향을 받아 7세기 말 이후에는 신라(남)과 발해(북)이 대립하는 남북국 시대라는 인식을 지닌 사람들이 많다.

즉 여기에는 "원래 지금의 중국 동북부에서 한반도 남단까지 한 민족이라는 한 민족이 살았는데 그 민족이 고구려, 백제, 신라, 가야라는 네 나라로 분열되고 말았다. 그리고 그것을 다시 통일한 것은 신라인가, 고구려인가?"라는 기본적인 원근법이 명확하게 군림하고 있다. 하지만 그것은 올바른 인식일까? 한민족이 처음에는 하나였지만 고구려 등 네 개의 나라로 분열되었다는 증거는 도대체 어디에 있을까? 없을 것이다. 한반도에는 처음부터 분열된 국가군이 있었을 뿐이며 그것을 중국 측이(한반도 남부에서는) 마한, 변한, 진한이라 호칭하거나 혹은 고구려, 신라 등의 국가가 분립되었을 뿐일 것이다. 고구려와 신라가 같은 민족의 국가였는지는 적어도 현 단계의 인류학적, 언어학적 지식으로는 단정할 수 없는 문제이다.

[간략한 한반도 연표]

기원전 195년 쯤	위만조선이 성립했다고 추정된다.
기원전 108년	한 무제가 위만조선을 멸망시키고 한사군 (낙랑군, 대방군, 현토군, 임둔군)을 설치하다.
기원전 37년	고구려 건국.
313년	고구려가 낙랑군을 멸망시키다.
356년	신라 건국.
660년	신라가 당과 연합하여 백제를 멸망시키다.
668년	신라가 당과 연합하여 고구려를 멸망시키다.
676년	신라와 당의 전쟁이 끝나고 삼국통일(한국의 역사관)
698년	발해 건국. 이후 중국 동북부, 한반도 북부, 러시아 연해주로 세력을 확장한다.

918년	고려 건국.
926년	요가 발해를 멸망시키다.
935년	고려가 신라를 멸망시키다.
936년	고려가 후백제를 멸망시키고[09] 한반도를 통일하다.
1388년	이성계가 쿠데타를 일으켜 정권을 장악하다.
1392년	조선 성립.
1897년	국호를 대한제국으로 바꾸다.
1910년	일본이 한국을 병합하다.
1948년	대한민국, 조선민주주의인민공화국이 성립하다.

북한도 한국도 "원래 조선반도(한반도)에 하나의 민족이 살았
는데 불행히도 분열되고 말았다"는 튼튼한 인식이 이미 신념체계
처럼 되고 말았다. 그것을 단군신화가 배후에서 지탱한다. 단군은
조선민족(한민족) 전체의 시조이다. 이를 '신화'라고 말하면 화를
내는 사람들이 한국에 의외로 많다. 그런 사람들에게 "한국인이
모두 단군의 자손"이라는 말은 신화가 아닌 사실이다.

인식의 함정
현재 한국 정치나 한일 관계를 보는 관점에 이러한 '인식의 함

---

09) 원문에는 후고구려를 멸망시켰다고 적혀 있지만, 저자의 실수로 추정되어 후백제
로 수정했다.

정'이 숨어 있지 않을까? 엄밀하게 분석하기 전부터 "한일 관계의 단절은 최악의 상태다", "한국 진보와 보수는 매우 심각하게 단절되었다"고 당연하게 인식한다면 일종의 선입관이 아닌지 의심해 보는 것도 중요하다.

예를 들어 "한일 관계가 악화되었다"는 명제를 말할 때 "한국과 일본은 예전에 자유민주주의와 자본주의라는 체제를 공유했어도 한국 민주주의 방식을 이해하지 못했다. 그래서 일본 외무성도 '체제의 공유'라는 표현을 쓰지 않는다. 그래서 양국은 서로 이해하지 못하고 관계가 악화될 뿐이다"라는 인식이 전제된다고 생각한다.

그러나 예전에 나는 한일 관계에서 '체제공유'라는 문구(내지는 관념)을 언제, 어떤 뜻으로 썼는지 조사해 봤는데 원래(1980년대)는 "한국에 자본주의나 민주주의가 실재하지 않는다는 인식을 가졌지만 정치, 외교교섭을 하기 위해 그런 문구를 썼다"는 결론을 냈다. 예를 들면 5.18 광주항쟁으로부터 4년 후인 1983년 9월에 일본을 방문한 전두환 대통령과 나카소네 수상[10]은 공동성명에서 현실과 동떨어진 "자유, 평화 및 민주주의라는 공통된 이념을 추구하는 한일 양국"이라는 표현을 썼다. 그러니까 '체제공유'란 원래 '한일 양국'의 정치, 외교교섭 장치로서 '공통된 이념'인 것이다.

호소카와 수상 이후 양국이 정말로 이념을 공유한다는 인식이 확실히 정착했지만(1994년 3월 김영삼 대통령이 일본을 방문했을 때 호소카와 수상의 발언 등), 그럼에도 불구하고 그 후에도 한국과 일본 사이에 어긋남이나 마찰이 끊이지 않았다. 대부분은 '체제'라는 근간적인 부분이 유럽에서의 냉전 종식과 1990년대 이래 한국에서의 이른바 '이행기정의'의 문제, 그리고 경제의 글로벌화 따위와 엮여서 단순히 "자유민주주의와 자본주의"라는 대략적인 슬로건으로

---

10) 제71대에서 73대까지 내각총리대신을 지낸 나카소네 야스히로(中曾根康弘)를 가리킨다.

는 인식할 수 없게 되었음을 반영한다. 즉 한일은 항상 첨예하고 이념적인 문제군을 둘러싸고 협력하거나 이반했으며, 그러한 사실을 전제로 한다면 현재의 한일 관계가 예전에 비해서 '단절'의 방향으로 돌진한다는 인식은 바로 도출되지 않는 것이 아닐까?

한국 국내의 문제도 역사적인 문맥에서 생각한다면 조선왕조 이래 이 나라의 정치가 몇 개의 당파로 분열되어 사투를 펼친 것은 오히려 정상이라는 인식도 성립할 수 있다. 만약 일본의 55년 체제 같은 안정성이 한국 정치에 실현된다고 한다면 오히려 그런 상황이 빅뉴스가 되어야 하지 않을까? 이 점을 거물 언론인인 다나카 아키라는 박정희 시대를 한국사 속에서도 예외의 시대라고 말한 것이며, 김영삼 시대 이후에는 오히려 원상태로 돌아왔다고 생각했다.

지금까지 다룬 네 편의 책 중에선 구로다만 그러한 시점에서 떨어져서 분석한다. 국가의 그늘에 숨어 "한국은 이래서 안 된다니까"라며 잘난 척은 하지 않는데, 아마도 오랫동안 한국에 살면서 몸으로 '예절'을 터득한 구로다이기 때문에 그럴 수 있을 것이다.

1941년생인 구로다와 달리, 1968년생인 미네기시, 1965년생인 마키노, 1969년생인 이케하타는 모두 신문사와 방송국에서 활동하는 50대의 베테랑이지만, 구로다와 비교하면 역시 '젊다'고 볼 수 있다. 그들은 악화하는 한일 관계를 어떻게든 좋은 방향으로 바꾸기 위해 밤낮을 가리지 않고 열심히 노력하고 있다. 하지만 구로다라는 거물은 마치 '언제 한일 관계가 좋았던 적이 있었냐?'고 말하는 듯 아무렇지 않은 듯한 태도를 취한다.

그는 "대법원이 징용공에게 배상하라는 판결을 내림으로써 한국은 루비콘강을 건넜다고 말하는 사람도 있지만, 과거에도 몇 번이나 그랬다"고 말하는 듯하다.

요컨대 이러한 태도는 먼저 말한 "정상이란 무엇이냐?"는 인식의 차이에서 올 것이다. 젊은 50대 언론인과 거물 사이의 나이인 나는 양쪽의 '자세'를 잘 이해할 수 있다.

제9장 더 나은 한일 관계를 어떻게 만들어야 할까?

이번 장에서 2014년 8월 29일 한국의 대형 언론사인 조선일보가 제주도에서 주최한 토론회에서 내가 「더 나은 한일 관계를 어떻게 만들어야 하는가? 다섯 가지 제언」이라는 제목으로 발표한 글을 소개하고자 한다.

이 책을 집필하기 7년 전에 발표한 글이지만 이 글에 드러난 나의 위기의식은 발표 시점과 전혀 달라지지 않았기에 이 책의 결론이 될 수 있는 중요한 제언이라고 생각한다.

많은 일본인은 친한파라는 사람들이 한국에 가서 도대체 무슨 발언을 하는지 궁금해할 텐데, 조선일보라는 한국을 대표하는 신문이 주최한 심포지엄에서 발표한 글인 만큼 나 같은 친한파가 한국에서 무슨 말을 한국인에게 하는지를 알려줄 좋은 표본이 될 것이다. 기본적으로 나는 한국과 일본의 좋고 나쁜 점을 공평하게 비판하려고 한다. 코로나 바이러스가 확산되기 전에는 한국에 여러 번 가서 한국인에게 한일 관계에 대해 내 나름대로 '친한파로서의 도리'를 다하여 비판적인 자세로 강연했다.

하지만 친한파 중에는 한국에서 일본만 비판하는 사람들이 꽤 많다. 심지어 그렇게 말할 수밖에 없는 사람까지 있다. 나는 그런 사람들의 발언을 들을 때마다 기분이 나쁘다. 왜냐하면 한국인의 입장에서 봐도 그들의 태도가 '친한'이 아닌 '주체성의 결여' 혹은 '아첨'으로 비춰지기에 일본만 비난해서 환심을 사려는 일본인을 진심으로 존경하지 않기 때문이다. 반대로 일본에서 한국을 거세게 비판하는 사람들이 한국에 가서 한국인 앞에서도 일본에서 했던 것처럼 당당하게 비판했다는 이야기 역시 듣지 못했다. 일본에서 일본인을 상대로 큰 목소리로 한국을 비판하던 사람들이 정작 한국인들에게 그렇게 말하지 않으니까 이상할 노릇이다. 전부가 그렇다고 할 수는 없지만 한국인은 대체로 논리가 정연하면 한국을 비판해도 경청한다. 그런 의미에서 한국인의 수준은 낮지 않다.

내 '친한파로서의 도리'에 따른다면 단순히 어느 한쪽의 잘못때문에 한일 관계가 나빠졌다고 보면 안 된다. 왜냐하면 사실이아니기 때문이다. 한일 양국이 현재 맞이한 최악의 관계를 극복하기 위해서는, 서로의 주장에 귀를 기울이고 비판해야 할 점을 비판하며 반성해야 할 점을 반성하는 가장 단순한 작업을 꾸준히 진행하는 방법밖에 없을 것이다.

나는 토론회에서 앞으로 더 나은 한일 관계를 만들기 위해 무엇을 해야 하느냐는 제언을 했다. 철학, 사상, 문화를 전공했기 때문에 다소 추상적인 내용의 제언이 되고 말았지만, 나는 한일 양국이 표면적인 마찰이 아니라, 구조적, 심층적, 본질적으로 마찰을 빚고 있음이 분명함에도 불구하고 정치, 외교, 경제, 사회 분야의 전문가들이 너무 표면적으로 인식한다고 생각한다. "양국 정상이 만나서 대화를 하면 되겠지"라는 생각도 일리는 있지만, 지금까지 정상끼리 만나서 대화했던 표면적인 미봉책만으로 한일 관계가 근본적으로 바뀐 적이 있는가? 나는 '아니오'라고 대답하겠다.

그럼 지금부터 내가 어떠한 제언을 했는지 소개하겠다.

① 한국인은 일본에 과도하게 의존하지 말아야 한다

일단 한국인은 무엇보다도 일본인을 과도하게 의존하지 말아야한다. 여기서 '의존'이라고 쓰는 이유는 역사문제에 기인하는 모든 것을 '일본 탓'이라 여기고 남의 일로 치부함으로써 도리어 그러한 '남'이 없다면 스스로 생존할 수 없는 관계를 가리킨다.

여기서 말하는 '의존'은 한국 내에서 독도(다케시마) 문제나 위안부 문제에서 "이론의 여지가 없이" 일본이 나쁘다는 의견을 전면적으로 공유하는 사실에 단적으로 나타난다. 역사적 사실을 진지하게 분석하면 다양한 '이의'를 함께 표기해야 할 문제에 관해 "이론의 여지가 없는" 특정 세력이 잘못했다고 생각하는 것은 객관적으로 봤을 때 사고가 정지되었다는 의미이다. 나는 이 문제에 관해서 한국인의 사고가 철저하게 정지되지 않았는지 심각하게 우려하고 있다.

반대로 일본 사회에서는 다케시마(독도)나 위안부 문제에 관해 실로 다양한 '이의'로 들썩인다. 나는 일본 사회에 정의가 있다고 생각해서 신뢰하는 것이 아니라(정의가 있느냐는 질문에는 대답할 수 없다), 그러한 사실만을 보고 일본 사회를 신뢰한다. 만약 일본 사회가 하나로 뭉쳐서 "다케시마는 일본 땅", "일본은 위안부 문제에서 잘못하지 않았다"고 주장한다면 나는 내가 일본 사회에 속한 사실을 근본적으로 부끄럽게 여길 것이다.

다행히도 일본 사회는 항상 이의로 득실거린다. "다케시마는 한국 땅이다"라고 공연히 말하는 학자가 일본에서 존경을 받을 뿐 아니라, 한국의 주장에 학문적 근거를 부여했고, "위안부 문제는 일본의 잘못"이라며 세계적으로 문제를 공론화한 사람들도 대부분 일본인이다.

본론으로 돌아와서 만약 한국에서 "일본이 백 퍼센트 잘못했으니까 당연하지"라는 반응을 보인다면, 그것은 한국 사회의 사고가 정지된 증거인 것이다. 독도 문제든 위안부 문제든 객관적으로 보면 어느 한쪽의 주장만이 백 퍼센트 정당하고, 다른 쪽의 주장이 백 퍼센트 잘못된 경우는 존재하지 않는다. 그리고 독립된 민주사회에서는 이렇게 객관적 인식이 필요하다.

만약 한국이 북한처럼 "다양한 이의를 허용하지 않는" 독재국가라면 모를까, 한국은 빛나는 민주화 투쟁의 역사를 자랑하는 사회이자, 다양한 견해가 충돌하여 격렬한 마찰과 대립을 펼치는 역동적인 사회이다. 한국 사회가 갖는 역동성은 일본 사회보다 훨씬 큰 역동감을 동반한다. 그렇다면 이러한 역동적인 민주주의 한국 사회에서 아직 일본에 관한 담론에서만 "이의를 허용하지 않는"다면, 그것은 한국이 일본에 대해 특별한 관계, 그러니까 일본에 관해서만 사고가 정지되는 특수한 관계를 유지하고 있다는 의미이다.

이러한 관계에서 탈피하기는 쉽지 않을 것이다. 북한과 정통성 경쟁을 펼치고 있는 관점에서 말한다면, "일본은 특수하다"는 인식에서 한국만이 벗어나면 너무 위험하다고 이해할 수도 있다. 만약 진짜로 그렇게 돼서 북한이 "우리 민족에게 일본은 특수한 존재이다. 남조선은 그러한 인식에서 이탈하여 일본 제국주의에 굴복한다는 것인가? 그렇다면 우리는 정통성 경쟁에서 승리했다"고 주장하면 쉽게 대항할 수 없기 때문에 우리는 한국의 입장을 이해할 수 있다. 하지만 한국이 정신적으로 일본으로부터 독립하기 위해서는 먼저 일본에 관련된 모든 문제에서 과도한 일본 의존을 멈춰야 한다.

일본에 "올바른 역사인식을 가져라" 혹은 "우리와 같은 생각을 가져라"고 말하는 것은 궁극의 '일본의존'을 표현한다. 상대에게 전면적으로 자신과 같은 생각을 갖게 해야 한다는 심정은−자극적인 표현이라 죄송하지만−어린아이가 부모에게 품는 감정 자체인 것이다. "남은 나와 다른 생각을 한다"는 사실을 느끼고 받아들이는 것만으로 충분치 않다. "남은 나와 철저히 다른 존재지만, 어떻게든 타협해서 함께 살아야 한다"는 의식을 자각하는 것밖에 진정한 민주사회를 구축할 길은 없다.

민주화 투쟁 과정에서 한국이 일본보다 몇십 배나 과격했지만, 그 결과 달성한 민주주의의 성숙도는 한국보다 일본이 위에 있다. 그것은 일본 사회가 도덕적인 사회이기 때문이 아니라, 반대로 남을 차갑게 존중하는 사회이기 때문이다. 그렇기 때문에 남에게 자신과 같은 생각을 갖게 하려고 생각하지 않는다. 부모건 자식이건 남은 철저한 남이다. 나는 이러한 냉철한 개인주의가 일본 사회에서 기능하는 동안에는 일본 사회가 건전하다고 생각한다.

단 지금 일본 사회는 "남은 어차피 남이다"라는 생각이 극한에 달하여 남에게 자신의 생각을 설명해봤자 시간 낭비라는 인식만 가득하고 말았다. 이것은 민주주의의 달성이 아니라 죽음으로 향하는 길이다. 일본 사회는 명백히 생명력을 잃고 있다. 독일관념론적으로 봤을 때 생명력을 변증법적 요소라고 생각한다면, 일본에는 "남에 대한 부정"과 "부정을 지양해서 서로 도와 발전하려는 힘"이 압도적으로 부족하다.

그러니까 나는 "한국을 배워라"라고 주장한다. 한국 민주주의는 기본적으로 "너의 생각은 잘못되었으니 내 생각에 맞춰라. 왜냐하면 내 생각이 100% 맞기 때문이다"라는 논법으로 구성되어 있다. 이것은 잘못된 논법이지만 '대립의 구도'와 '논쟁'이 활발해지기 때문에 일본 사회는 한국 사회의 이러한 역동성을 배워야 한다. 한국 사회로부터 배움으로써 일본 사회는 생명력을 되찾을 수 있을 것이다.

하지만 반대로 한국 사회는 "타자는 나와 다른 존재이다", "타자에게 도덕주의자이자 가부장적으로 간섭하면 안 된다"는 점을 배워야 한다고 나는 생각한다.

② 일본인 역시 한국에 과도하게 의존하지 말아야 한다

한국인이 거의 전면적으로 일본을 의존하는 것과 달리, 한국을 의존하는 일본인은 사실 그다지 많지 않으나 '좌'와 '우' 양쪽 진영에는 이렇게 '의존증'에 걸린 사람이 많다.

먼저 '좌파' 진영은 일본의 봉건성, 비근대성, 반도덕성, 천황제 같은 요소를 규탄하여 일본 사회를 근대화시키고 도덕적으로 만들고, 자유롭고 평등하고 평화롭게 만들고, 리버럴 내지 공산주의적으로 변화시키려는 목적을 위해 한국을 이용해 왔다. 이러한 목적을 달성하기 위해 넘어야 할 장벽은 많고 높았다. 전후 일본에서 좌파 및 리버럴의 역할을 결코 과소평가해선 안 된다. 만약 전후 일본에서 좌파 및 리버럴이 실제 역사보다 심하게 약했다면 동아시아의 세력도는 지금과 전혀 다른 모습이었을 것이다.

하지만 일본 좌파 및 리버럴의 결점은 동아시아라는 세계를 근본적으로 이해하지 못한 데 있었다. 전후 일본이 시작된 뒤부터 반대 세력은 집요하게 그 점을 지적했다. 일본의 좌파 및 리버럴은 근본적인 의미에서 서양 지상주의였다. 중국(마오이즘)이나 북한(주체사상)을 숭배하는 세력이 존재했으나 매우 관념적인 숭배였기에 중국이나 북한을 실제로는 얄팍한 수준으로 이해했다고 말할 수밖에 없다. 그렇기에 일본의 좌파 및 리버럴은 보통 관념적=서양의 관념 숭배=실제 동아시아를 멸시하는 자세를 취하고 있다.

그들은 "일본을 좋게 만들기 위해" 동아시아를 이용해 왔다. 한국이 실제로 어떠한지를 모르고(알려고 하지도 않았다), 한국을 단순한 이용대상으로 여겨 왔다. 나는 일본의 좌파뿐 아니라, 리버럴을 칭하는 재일코리안들조차도 현실의 한국을 전혀 모르는 사실을 보고 놀랐다.

이 사람들은 "만약 한국인이 없다면 일본을 어떻게 좋게 바꿀 것인가?"라는 상상력이 없다. 만약 한국인이 일본의 식민지 지배에 민족주의적 저항심을 갖고 대항하지 않았거나 위안부 문제에서 일본을 비판하지 않았거나 일본의 경제 수탈을 규탄하지 않았다면…, 그들은 어떠한 논리로 일본을 비판할 수 있었을까? 거의 불가능했을 것이다. 그런 의미에서 일본의 좌파와 리버럴은 한국에 강하게 의존한다. 더 정확히 표현하자면 그들은 일본을 의존하는 한국인의 심성에 의존한다. 이것을 '한일의 동반의존'이라 불러도 좋을 것이다.

그런데 최근 일본에 늘고 있는 '우파' 진영도 한국을 심하게 의존한다. 그들은 역사 인식, 영토 문제에서 "한국이 전부 잘못했다”고 주장한다. 즉 우파나 혐한파는 이 세상에 한국이 없으면 자기들도 존재할 수 없는 구조 속에서 증식하고 있다. 종종 “아베 정권의 최대 지지자는 중국과 한국이다”라는 농담이 있다. 이 농담은 일본의 우파가 얼마나 중국과 한국을 의존하는지를 정확히 표현한다. 중국과 한국이 일본에 반발할수록 일본의 우파는 그 에너지를 흡수해서 비대해지는 것이다.

나는 이러한 현상을 ‘일본의 한국화’라고 표현할 수 있다고 생각한다. 한국인은 오해하고 있지만 ‘일본의 우경화’라는 말은 ‘일본의 한국화’라는 말과 별반 다르지 않다.

확실히 일본은 우경화되고 있기에 엄연한 사실이지만, 달리 표현하면 ‘일본의 보통국가화’이자 ‘일본의 한국화’인 것이다. 헌법 9조를 개정하고 자위대를 국방군으로 바꾼다는 것이 어째서 ‘극우화’인 것일까? 만약 이러한 표현이 맞다면 건국 이래 지금까지 한국 사회는 계속 ‘극우’인 셈이다. 일본의 산케이신문은 우려스럽게도 확실히 한국에 관해 정도를 벗어난 보도를 하고 있는데, 정확하게는 ‘산케이신문의 한국언론화’라고 표현할 수 있는 현상인 것이다.

혐한파의 증가는 한국 신문이 온라인으로 일본어 기사를 충실하게 제공하고 있는 사실과 밀접한 관계가 있다고 생각된다. 혐한파는 이렇게 생각한다. “일본의 리버럴은 일한우호만 외침으로써 언론의 주도권을 꽉 잡고 있었다. 하지만 그러한 엘리트들로부터 우리는 배제되어 자기 생각을 말할 곳을 찾지 못했다. 하지만 이제 우리에겐 인터넷이 있다. 지금까지 일본에서 주도권을 잡아 온 리버럴 세력들을 박살내자. 한국 신문을 봐라. 일본에 관해서 악담이라 볼 수밖에 없는 비판만이 넘쳐나고 있지 않은가? 이러한 한국과 우호 관계를 맺으라는 것은 불가능한 소리다. 리버럴은 한국이라는 국가의 본질을 모르니까 느긋하게 일한우호 같은 말을 할 수 있다. 한국은 본질적으로 반일국가이기 때문에 이러한 나라와 사이가 좋아질 수 없다는 우리의 주장이야말로 정확하다."

이러한 "지금까지 일본 사회에서 소외받은 혐한파"와 마찬가지로 소외감을 느낀 자민당 방계인 세이와카이(清和会, 일본의 집권 여당인 자민당의 파벌) 계열의 정치가들, 그리고 비주류 언론 취급을 받아 온 산케이신문이 손을 잡고 열심히 한국을 의존하는 것이 현재 일본의 '우경화'이다. 자기 진영을 존속시키기 위해 '사악한 타자'가 반드시 필요한 세력이 한국과 일본에서 상호의존하고 있는 것이다.

③ "한일이 세계를 이끌고 있다"는 자각을 가져야 한다

한국과 일본은 중국이나 유럽, 그리고 미국과 달리 세계사의 중심이 된 적이 없다. 이 점이 한국과 일본에 과도한 열등감을 심었다. 이러한 열등의식과 자신감의 부재가 비생산적인 한일 관계를 만든 큰 요인이다.

실은 전후(한국의 입장에서 보면 해방) 한국과 일본은 실제로는 세계에 큰 공헌을 하고 있다. 그런데도 자신 있게 자기평가를 하지 못하고 있다. 경제 분야에서는 식민지 지배를 받은 나라와 식민지를 지배한 나라가 똑같이 경제적으로 고도 성장하여 선진국이 되었다. 이것은 세계에서도 비슷한 사례를 찾을 수 없는 일이다. 역사문제에 관해서도 일본은 똑같은 식민지 지배 경험을 가진 서구의 어떠한 국가보다도 진지하게 문제를 직시하고 해결하기 위해 노력해 왔다. 한국도 일본의 그러한 노력을 받아들이려고 했다. 이러한 사례는 전 세계에서 한국과 일본에서만 볼 수 있다. 그런데도 양국은 그러한 의의를 이해하려고 하지 않았고 자신감을 가지려고 하지도 않았다. 이러한 자신감의 부재가 한일 관계를 더욱더 악화시키는 악순환의 원인이다. 그뿐만 아니라 과장을 조금 보태면 이제 세계에서 꽤 큰 존재감이 생긴 양국이 자국의 상황 및 양국 관계에 긍정적이지 못하기 때문에 세계 전체에 악영향을 끼치기 시작하고 있다.

무슨 의미인가? 1990년대 들어 서구에서는 "식민지 지배는 잘 못된 행위였다"는 진지한 반성 아래 식민지를 학문적으로 연구하기 시작했는데 그러한 경향의 학문을 총칭해서 탈식민주의라 부른다. 하지만 일본에서는 서구보다 거의 20년 앞선 1970년대에 이미 식민지배의 반성에 근거한 연구 성과들이 나오고 있었다. 주로 좌파 역사학자들의 연구 결과였다. 전쟁이 끝나자마자 마르크 스주의자들이 주도한 반제국주의적 성향의 역사연구가 활발했는데, 1970년대에 들어 식민지 조선에 대한 속죄의식에 근거한 연구의 성과가 나오기 시작했다. 물론 이항대립적으로 가해자(악)와 피해자(선)을 분리해서 연구했기 때문에 양자의 복잡성을 탐구하는 탈식민지주의와는 다르지만 의미가 있었다. 그 후 일본의 조선연구는 주로 식민지 지배에 대한 반성 의식이 반영된 역사연구를 의미했기 때문이다.

현재의 우파나 혐한파의 주장처럼 것처럼 이러한 연구가 전후 리버럴이나 좌파의 학계, 언론계 지배 운동과 연동된 것은 확실하다. 즉 조선사 연구라는 학문 분야가 학계와 언론계의 주도권 쟁탈전과 직결된 것은 사실이었다. 하지만 그러한 비판을 받아들인다고 쳐도 역시 다른 나라보다 먼저 일본에서 훗날 탈식민지주의라 불릴 학문이 탄생하고 성숙한 사실은 자랑해도 좋은 일이다.

당연히 일본의 힘만으로 이러한 성과를 낸 것은 아니다. 좌파 및 리버럴에 속한 재일코리안, 북한, 그리고 한국이 일본에 적극적으로 '역사 반성'을 촉구했기 때문에 이러한 연구가 탄생할 수 있었다. 이렇게 된 배경에는 한반도라는 지역이 서구가 식민지 지배를 한 지역이나 나라와 다른 성격을 갖고 있었던 점이 컸다. 원래 조선은 일본의 식민지가 되기 전에 높은 유교 문화를 자랑하는 나라였다. 조선에서 보는 일본은 자국보다도 문화가 뒤처진 나라였다. 그러한 한국과 북한의 자기인식이 해방 후 일본에 대한 매우 수준 높은 지적·도덕적 요구를 지속한 원동력이었다. 일본의 좌파와 리버럴은 한국, 북한, 재일코리안이 제기하는 "역사를 어떻게 해석하고 반성하느냐?"는 지적, 도덕적인 요구에 진지하게 응답해야 했다. 그리고 응답하는 과정에서 일본은 실로 많은 것을 배우고 반성하여 학문적 지식을 쌓을 수 있었다.한국과 일본은 이러한 사실을 자랑해도 좋으며 전혀 부끄러워할 필요가 없다.

 일본의 위정자는 때때로 과거 식민지 지배가 얼마나 가혹하고 부조리했는지를 반성하고 사죄해 왔다. 단순한 심정적인 것이 아니라 막대하게 축적된 학문적 성과에 근거해서 반성과 사죄를 하고 있다. "사실 하나하나는 다양하게 해석될 수 있지만, 전체적으로 생각하면 식민지 지배는 부조리했다"는 일본의 인식은 한국인이 생각하는 만큼 가볍지 않다. 일본은 과거에 식민지를 지배했던 어떤 나라도 하지 못한 반성과 사죄를 계속 하고 있는 사실을 결코 가볍게 인식하지 말았으면 한다. 물론 한국인은 만족할 수 없을 것이고 납득조차 못할지도 모르지만, 지금까지 일본이 보여준 반성하는 자세를 "전혀 의미가 없다(나는 한국인 대부분이 그렇게 생각한다고 본다)"고 딱 잘라버린다면 미래를 향한 길은 완전히 막히고 만다.

 한국인에겐 불만족스러울지도 모르지만, 어쨌든 일본은 "식민지 지배의 사죄와 반성"이라는 행위에 관해서 세계의 모델이 될 만한 모습을 보여줬다. 만약 이러한 인식을 조금이라도 가질 수 없다면 이 '사죄와 반성 프로젝트'는 중간에 실패하고 만다.

 위안부 문제도 마찬가지다. 한국의 박근혜 대통령(2014년 당시)이나 시민단체는 전 세계에 위안부 문제에 관해 계속 "일본은 도덕적이지 않다"고 주장했다. 물론 한국인의 입장에서 보면(일본인의 입장에서 보더라도) 위안부 문제에 일본 정부가 보여 준 대응은 불만족스러웠다. 하지만 전시 여성 성폭력 문제를 다른 나라보다 먼저 공론화하고 정면에서 상대한 것은 1990년대 초의 일본 정부였다. 이 점을 너무 과소평가한다면 후세에 악영향을 끼칠 것이다(실제로 악영향이 충분하게 나타나고 말았다).

1996년 유엔 인권위원회에서 쿠마라스와미 보고서(정식 명칭은 『여성에 대한 폭력과 그 원인 및 결과에 관한 보고서』로, 발표자인 라디카 쿠마라스와미Radhika Coomaraswamy의 이름을 따서 쿠마라와스미 보고서라고 부른다)가 발표되었을 때도 서구의 반응은 차가웠다. 우리는 그들이 보여준 '냉담한 반응'의 의미가 무엇인지를 냉정하게 판단해야 한다. 1990년대 중반에는 서구 국가들도 전시 여성 성폭력이라는 문제를 정면으로 상대할 자세를 보여줄 준비가 되어 있지 않았던 것이다. 서구 선진국들은 이 문제를 정면으로 상대하는 성가신 상황이 발생하리라는 사실을 충분히 알고 있었기에 가능하면 피하고 싶은 이슈였다. 이것이 쿠마라스와미보고서에 그들이 보여준 '냉담함'의 의미이다.

하지만 일본만은 이 문제와 정면으로 맞붙었다. 고노 담화를 발표하고 아시아여성기금을 설립했으며 수상의 사과 편지와 보상금을 위안부 피해자 분들(희망자)에게 보냈다. 물론 일본 정부가 개인 배상을 할 수 있었다면 훨씬 좋았을 것이다. 하지만 일본 정부가 만약에 1965년에 체결된 한일조약 및 청구권 협정의 해석을 바꾸려고 했어도 사법부가 동의하기 전에 위안부 피해자분들이 대부분 사망할 테니까 근본적인 대책을 세우기 위한 시간적 여유가 없다고 1990년대의 일본 정부는 판단했다. 그리고 조약과 협

정의 범위 안에서 생각할 수 있는 인도적 방안을 실행했다. 우리
는 "이 점을 높이 평가해 달라"고 한국인에게 호소하고 있는 것이
아니다. 적어도 그 당시 한국정신대문제대책협의회(이하 정대협)
와 일본 좌파가 주장하듯 "일본은 책임을 일절 지려고 하지 않는
부도덕한 국가다"라는 완고한 주장을 고집하지 않았다면 그 후
다른 길이 존재했을 가능성을 말하고 싶은 것이다.

이 모든 문제는 한국과 일본의 다양한 사람들이 실제로 자기네
가 하는 행위를 너무 과소평가하기 때문에 발생한다. 정대협과 일
본 좌파는 1990년대에 자기들이 하고 있는 일에 자신감을 크게
가져도 좋았다. "우리가 이 문제를 제기했기 때문에 적어도 일본
정부가 공식적으로 사죄하고 조약과 협정의 범위에서 가능한 조
치를 취했다. 이것은 세계에서 처음 있는 쾌거다. 물론 일본의 조
치는 우리의 요구 사항을 크게 만족시킬 만큼 충분하지 않지만,
일정한 성과를 거둘 수 있었다. 이번 성과를 발판삼아 한국과 일
본이 세계에서 전시 여성 성폭력 문제를 해결하기 위해 공동으로
투쟁하자"는 생각을 가져도 좋았다. 전 세계는 그런 자신감을 가
진 운동가들에게 아낌없는 경의를 바쳤을 것이다.

하지만 현실은 그렇지 않았다. 운동단체는 세계를 향해 "일본
정부는 부도덕하다"는 주장만을 계속 전개했다. 무엇 때문이었
을까? 나는 그들에겐 자신감이 없었기 때문이라고 생각한다. 자
기들이 무엇을 해야 하는지를 충분히 알지 못했기 때문이다. '전
시 여성 성폭력' 문제의 해결이라는 독립정신으로 가득한 이슈
가 아니라, 일본에 더욱 의존할 수 있는 안이한 '반일'이라는 길
을 걷고 말았다. 그러니까 운동은 자기의 폐쇄적인 논리구조 속
에서 계속 헛돌았고 당초 일본 내에 많이 있었던 적극적 지지자
들의 마음은 운동단체로부터 멀어지고 말았다.

그렇게 된 결과, "운동단체가 계속 완고한 자세를 유지하여 사
태가 교착 상태에 빠지는 과정에서 위안부 피해자 할머니들 대부

분이 세상을 떠나시지 않았는가? 아시아여성기금의 편지와 보상금을 받은 할머니들 쪽이 어쩌면 행복하시지 않았을까? 그런 선택을 (폭력적 수단까지 써서) 억지로 차단하여 마지막까지 한을 품고 돌아가신 할머니들의 불행은 도대체 누구의 탓일까? 과연 운동단체는 도덕적이라고 할 수 있을까?"라는 비판을 받게 되지 않았는가?

만약 운동단체에 충분한 자신감이 있었다면 전시 여성의 인권 침해 문제를 세계에서 처음으로 공론화하고 어쨌든 일본 정부가 이 문제를 정면으로 인식하게 하여 사죄와 반성을 끌어낸 자기인식이 형성되었을 것이다. 그리고 많은 일본인의 찬동과 호응을 얻어 더욱 생산적인 활동에 매진할 수 있었을 것이다.

한국과 일본은 선진국에서 만든 '국제표준'에 따라 그저 수동적으로 움직이는 존재가 아니다. 역사문제에서 다른 나라들이 하지 못한 협동을 해서 꾸준히 노력한 사실을 결코 잊어선 안 된다. 만약 양국이 그러한 사실을 잊고 서로 물어뜯는다면 세계 전체의 행복에 좋지 않은 영향을 끼친다는 책임감을 가져야 한다.

④ 상대의 매력적인 이미지를 어떻게 만드느냐가 중요하다

실은 한국과 일본의 지성인들이 서로를 잘 모른다는 점이 결정적으로 중요한 문제이다. 하지만 그 문제와 관련해서 한일의 대중도 양국이 어떠한 나라인지를 잘 모른다. 한국인은 스스로 "일본을 잘 안다"고 인식해 왔다. 그만큼 이제 "일본은 잘 알고 있으니까 아무것도 새롭지 않다"는 분위기까지 감돈다고 할 수 있을 정도이다. 하지만 "알고 있는" 내용이 충분하다고 할 수 있을까? 한국에는 일본 연구자가 많지만 그들의 발표하는 높은 수준의 연구가 한국 사회에 충분히 환원되고 있을까? 일본의 국제교류기금이 조사한 바로는 한국의 일본학 연구자는 실력에 비해 한국 사회 안에서 충분히 활약하지 못한다고 한다.

일본의 경우, 2003년쯤부터 시작된 한류 열풍이 압도적인 전환점이 되었다. 꽤 많은 일본인이 이 시기에 진심으로 한국 문화에 열광했다고 할 수 있다. 한국의 드라마, 영화, 노래가 일본에 침투했다. 이것은 틀림없이 일본인의 한국 인식의 질과 양을 결정적으로 바꾼 '사건'이었다. 하지만 내 생각으로는 이때의 '한류'는 종합적이자 매력적인 한국의 이미지 구축에 실패했다.

일본인은 한국 사극을 보고 많은 것을 배웠지만 한국에 대한 존경심이 배양되지는 않았다. "한국의 역사는 대단하고 흥미롭지만 일본과 다른 한국만의 일일 뿐이다. 일본이 한국이 아니라서 다행이다. 정확히 말하자면 한국의 역사는 흥미롭지만 좋아할 수 없다"는 일반적인 인상을 일본인의 마음속에 심었을 뿐이다. 어째서 "한국의 역사는 대단하다. 일본의 역사와 달라서 재밌다. 더 자세히 알고 싶다. 더욱 감정을 이입하고 싶다"는 인식에 이르지 못했을까? 여기에는 생각해봐야 할 중요한 단서가 있다.

이것은 컨텐츠를 제공하는 한국의 문제이기도 하지만 나를 포함한 일본인의 문제이기도 하다. 무엇 때문일까? 아직까지 한국인이든 일본인이든 한국을 근본적으로 매력 있게 그리는 데 성공하지 못했다는 점이 가장 큰 문제이다.

여기서 '매력적'이라는 단어를 오해하면 안 된다. 미남, 미녀가 화려한 옷을 입고 연기하는 모습이나 화려한 액션으로 시청자의 눈을 사로잡는 것이나 과장된 통곡이나 신음소리로 시청자의 귀를 사로잡으려고 하는 것을 '매력적'이라고 말하는 것이 아니다. 여기서 나는 한국 혹은 한반도의 역사나 문화를 종합적으로 매우 깊은 수준에서 인식하여 독자나 관객에게 제시하는 것을 '매력적'이라고 말했다. 물론 '깊은 수준'이라는 점이 제일 중요하다.

그렇게 하기 위해서 가장 필요한 것은 무엇일까? 다르게 표현하면 지금 우리에게는 무엇이 부족할까? 한 마디로 '철학'과 '재능'

이 필요할 것이다.

한국인이든 일본인이든 한국이라는 대상을 너무 이데올로기나 이념을 통해 인식하고 있다. 이데올로기와 이념을 통해 이해되는 대상은 언뜻 보기에 매력적이지만 어디까지나 피상적으로 이해될 뿐이며 이윽고 독자나 관객은 그러한 '겉모습'에 질려 떠나고 말 것이다. '철학'이 없는 존재가 인간의 감성을 오랫동안 사로잡을 수는 없다. 한국은 매우 복잡한 관계성의 집합체이다. 이러한 복잡한 성질을 있는 그대로 이해하면서 한국의 역사와 문화의 심층까지 파고든 작품을 보고 즐기고 싶다. 요시카와 고지로(吉川幸次郎, 1904~1980. 일본의 중국문학자)가 중국 문학과 사상에 관해 쓴 역사책, 시바 료타로(司馬遼太郎, 1923~1996. 일본의 역사소설가)가 근대 일본에 관해 쓴 역사소설, 그리고 시오노 나나미(塩野七生, 1937~. 일본의 작가)가 로마 제국에 관해 쓴 작품 같은 매력적인 이미지를 우리 일본인은 아직 한국에 관해서는 만들지 못했다. 바로 우리 일본인이 '철학적'으로 게으르기 때문이다.

현재 일본 내 서점의 상황은 희망과는 정반대로, 매우 표면적이고 악의뿐인 한국 비판서만이 책장을 차지하고 있는 실정이다. 우리는 현재 상황을 비판하거나 탄식만 해서는 안 된다. 표면적인 요소에만 신경을 집중하여 이러한 상황을 방치한 우리 일본의 한국 연구자들의 책임이 크기 때문이다. 그러니 한국에 관한 사실을 수집하여 그 사실의 심층에 있는 문화와 사상을 총체적으로 터득하여 매력적인 형태로 가공해서 세계에 제시하지 못한 우리 자신의 문제인 것이다.

그렇게 하기 위해, 혹은 그렇게 할 수 있는 인재를 기르기 위해 우리는 까무러칠 만큼의 노력과 일종의 천재성이 필요할 것이다. 인문학과 사회학 분야에서 나타나는 천재적인 재능을 가진 학자들을 한국 연구에 끌어들이는 것이 우리의 과제이다. 그렇게 하기 위해서는 먼저 평소부터 한국 연구의 수준을 높여야 할 것이다.

끝으로

나는 이 책의 9장에서 조선일보가 주최한 토론회에서 발언한 내용을 소개했다. 여기서 마지막으로 내가 한국에서 가진 강연에서 발언한 내용의 일부를 발췌하고 싶다. 이 또한 9장에서 말했던 '친한파로서의 도리'에 따른 발언이다.

나는 2018년 6월 한국 제주도에서 개최된 '제13회 제주포럼 (13th Jeju Forum for Peace & Prosperity)'에서 이렇게 발언했다(지금부터는 발췌문).

과감했던 한국의 결단

우선 무엇보다도 1998년 일본 대중문화에 단계적으로 개방하기로 결단하신 김대중 전 대통령, 한국 정부, 그리고 관계자 여러분께 깊은 경의를 표하고 싶습니다. 모든 큰 정치적, 외교적 결단과 마찬가지로 그 당시에는 '큰 결단'이었음이 20년이 지난 지금까지 그 '크기'라는 형상의 의미를 충분히 이해하기 곤란해졌습니다. 현재 젊은 한국인이나 대부분의 일본이 봤을 때 "왜 일본의 대중문화를 개방하는 것이 그렇게 큰 결단이었는지 이해하기 힘들다"고 생각하겠죠. 바로 그것이야말로 중요합니다.

최근 20년 동안 한일문화교류는 극적으로 활발해졌고 양국 시민은 상대의 문화에 대해 잘 알게 되었습니다. '일상화'라는 현상도 이미 시작되었습니다. 상대의 문화에 대해 특히 '국적', '문화적 차이', '위화감', '이질감'을 느끼지 않고 아주 일상적인 태도로 접하는 현상입니다.

이것이 최근 20년에 동안의 가장 인상적이자 긍정적인 변화겠죠. 문화산업에 종사하는 분들, 문화교류사업을 계속하고 계신 분들, 그리고 중앙과 지방 정부의 꾸준한 노력의 산물이자 훌륭한 성과였다고 생각합니다.

'새로운 문화 패러다임의 창조'-2012년의 제언

2000년대 들어 일본에서 '한류'라는 획기적 현상이 발생하고 한국에서도 '일류'라고 부를 만한 움직임이 발생했습니다. 한일 양국의 국민이 정말로 "시대가 크게 바뀌고 있다"고 실감한 시기였습니다.

이러한 배경 속에서 2012년 5월에 저도 위원으로 참가한 한일문화교류회의(제3기, 2010년~2012년, 일본 쪽 위원장 가와구치 기요시(川口清史, 한국 쪽 위원장 정구종)는 「창조적 한일·일한관계를 지향하여」라는 제목의 제언서를 양국 정부에 제출했습니다(일본어판은 한일문화교류기금 홈페이지에서 전문을 읽을 수 있습니다). 저는 이 제언서의 내용이 아직 유효하고 중요하다고 생각합니다.

이 제언서에 구체적인 시책이 많이 실렸지만, 별개로 "한일의 협력을 통해 새로운 문화 패러다임을 창조하여 세계에 발신하자"라는 이념도 말했습니다(이념의 내용은 생략).

저는 이 제언서의 내용이 한일 문화교류에서의 이념과 사상의 근간으로 지속되고 있다고 생각합니다. 특히 '문화'를 좁은 의미가 아닌 넓은 의미에서 인식하고 콘텐츠나 상품뿐만 아니라 "인류 전체의 행복을 증진하기 위한 문화 패러다임"을 함께 구축하는 것이 한국과 일본이라는 선진국에 부여된 사명이라는 생각이 중요합니다.

상호 불신과 몰이해를 넘어서야 한다

2000년대 한류 이후에도 한일문화교류는 진전되었고 일본에서 한국 드라마나 K-POP의 인기는 시들지 않았지만, 한편으로 우려해야 할 문제도 나타났습니다.

하나는 문화를 '힘'이나 '서열'이라는 개념에 굳게 연결해서 이해하는 사고입니다. 이것은 미국식 '소프트 파워'라는 전략개념과도 관계되는데, 더 근본적으로 보면 동아시아의 전통 유교 관념에 가까운 "문화는 높은 곳에서 낮은 곳으로 흐른다"는 서열을 지향하는 세계관입니다. 특히 한국 측에 이런 생각이 강해서 한류라는 현상을 말할 때 '한국 문화의 힘'이라고 강조하는 경우가 많았는데 우려해야 할 일이라고 저는 생각했습니다. 그 후 일본 안에서 한국 문화에 대한 반발과 혐오 감정이 팽배해진 사실과 이 '힘'이라는 사고 사이에 어떠한 관계가 있다고 생각할 수도 있죠.

또 다른 문제는 넓은 의미에서 상호 '문화'를 둘러싼 불신감이 증폭된 상황입니다. 겉으로 보면 역사 인식 문제나 민주주의의 방식을 둘러싼 마찰이지만, 상대의 '문화'에 대한 의문이나 불신이 근저에 자리잡고 있습니다.

예를 들면 법이나 조약이란 무엇이고, 인권이나 도덕이란 무엇이며, 그리고 시민이란 원래 무엇인가? 이러한 의문들은 자유로운 민주사회를 만드는 데 근본이 되는 사고입니다. 하지만 일본도 한국도 아직 상대방 사회의 이러한 중요 관념들을 깊이 이해할 수 있게 되었다고 말할 수 없습니다.

1998년 10월 8일 오부치 수상과 김대중 대통령이 발표한 「21세기 새로운 한·일 파트너십 공동선언」에 실린 이 문구가 단순한 주장이 아닌, 실질적 의미에서 한일의 '체제공유'라는 말을 현실화했던 최초의 사례였다고 생각합니다.

"두 정상은 한일 양국이 자유·민주주의, 시장경제라는 보편적 이념에 입각한 협력관계를 양국민 간의 광범위한 교류와 상호 이해에 기초하여 앞으로 더욱 발전시켜 나간다는 결의를 표명했다."

하지만 2015년 3월 일본 외무성 홈페이지의 한국 기초 데이터 부분에서 종전의 "(한국은) 우리나라와 자유와 민주주의, 시장경제 등의 기본가치를 공유하는 중요한 이웃나라"라는 표현이 "우리나라의 입장에서 가장 중요한 이웃나라"라는 단순한 표현으로 바뀌었습니다. 즉 "자유나 민주주의라는 기본가치를 공유한다"는 부분이 삭제되었습니다.

위안부 문제, 징용공 피해자를 둘러싼 재판, 불상 도난, 산케이 신문 서울지국장 자택 기소 문제 등을 둘러싸고 한국의 '법치'에 일본 정부가 위화감을 품었음은 확실합니다. 그것만이 아닙니다. 일본 사회의 큰 부분이 이 위화감을 공유했다고 할 수 있겠죠.

즉 그때까지 '체제공유'라는 관념 아래 우리는 비교적 낙관적으로 한일 간 가치 공유를 믿어 왔지만, 실은 애당초 '자유', '민주주의', '법'이라는 근본이념에서 한일 간에 큰 차이가 있음이 드러났습니다. 이 단어들은 일본어와 한국어에서 공통적으로 쓰고 있지만, 문화사회적 의미는 꽤 다르다는 의미로 이렇게 말하는 것입니다. 하지만 저는 일본 정부가 너무 성급한 감정에 근거해서 이러한 태도를 보여준다고 생각합니다.

일본인은 지금까지 한국 사회가 경험하고 축적한 풍부한 역사적 경험의 의미를 진지하게 알아야 할 필요가 있습니다. 그리고 일본이 축적해 온 자유나 민주주의나 법이라는 개념과는 다른 한국이 쌓아올린 자유, 민주주의, 법의 개념에 대해 경의를 갖고 이해하려고 해야 합니다. 한국인이 자신의 피를 흘리며 얻어낸 민주주의의 귀중한 의미를 깊은 수준에서 따라 체험하고, 이해해야 합니다. 단순히 "우리와 다르니까"라는 이유로 거리를 두면 안 됩니다. 오히려 일본은 적극적으로 한국의 경험과 창조력을 배워서 일본인이 갖고 있는 자유, 민주주의, 법개념을 훌륭하게 개조해야 합니다. 한국이 좋은 본보기라는 발상의 전환이 필요합니다.

한편 한국인 역시 일본의 경험을 너무 가볍게 보는 경향에서 벗어날 필요가 있다고 생각합니다. 한국인을 상대로 한 여론조사에서는 '일본에 나쁜 인상을 갖는 이유'의 1위로 "한국을 침략한 역사를 올바르게 반성하지 않으니까"라는 의견이 압도적으로 많았다는 결과가 나옵니다(예를 들면 일본의 언론NPO와 한국의 동아시아연구소가 공동으로 시행하는 매년 '한일공동 여론조사'). 한국 사회에 계속 살고 있으면 당연히 이러한 인식을 갖습니다. 하지만 일본인 쪽에서 말하자면 "일본이야말로 세계에서 식민지 지배나 전시 여성 인권 유린 문제에 정부가 처음으로 공식 사죄한 국가다"라는 사실의 '무게'를 한국 쪽이 전혀 이해해주지 않는 사실에 무력감을 느낍니다. "일본인은 독일과 달리 역사를 전혀 반성하지 않는다"는 스테레오 타입의 말을 들을 때마다 대체로 일본인은 강한 위화감을 느낍니다.

또한 여론조사에서 한국인은 일본의 사회, 정치체제의 방식에 대해 '군국주의', '패권주의', '대국주의'라고 생각한다는 항목이 높으며 반대로 '민주주의', '자유주의', '국제협조주의', '평화주의'는 적다는 결과가 나타납니다(앞서 언급한 조사 참조). 이 결과를 보고 "이것이야말로 일본의 모습 그 자체다"라고 생각하는 일본인이 얼마나 있을까요? 아마 일본인이 가장 자랑스럽게 여길 '평화주의'라는 관념에 대해 한국인은 역시 조금 더 이해하려고 노력하지 않는다고 실망할 것이라 생각합니다.

요컨대 일본인은 한국인이 가장 자랑스럽게 여기는 '한국 민주주의'에 대한 이해가 없고, 한국인은 일본인이 가장 자랑스럽게 여기는 '일본의 평화주의'에 대한 이해가 없습니다. 양국의 근간에 관계된 이해가 없는 채로 단지 대중문화 교류만을 해봤자 성숙한 한일 관계의 성립이 불가능하지 않을까요? "좁은 의미의 문화"가 아니라 앞으로는 양국의 체제나 관념이라는 "넓은 의미의 문화"의 이해가 중요해졌다는 말의 의미는 그렇습니다.

(강연에서 발췌함, 끝)

어려운 상황 속에 있는 한일 관계에서 역시 서로 "전쟁을 하지 않는 것"이 제일 중요하다. 대다수 사람들은 '설마?'라고 생각하겠지만 정치가 잘못되면 최악의 시나리오가 시작될 가능성이 전혀 없다고 할 수 없다. 인터넷 같은 곳에서 긴장감 없이 한일 관계에 대한 무책임한 발언을 하는 사람들은 조금 더 긴장하면 좋겠다. 한국과 일본은 서로를 더 깊게 이해해야 한다.

그런데 이 책은 작년에 간행한 『군도의 문명과 대륙의 문명(群島の文明と大陸の文明)』과 마찬가지로 PHP신서의 니시무라 겐(西村建) 씨의 권유를 받고 썼다. 『Voice(PHP연구소)』 편집부의 미즈시마 류스케(水島隆介) 씨의 권유에 응해 쓴 원고가 계기였다. 지난 책에 이어 두 분께 매우 감사하고 있다. 덧붙이자면 각 장의 출처는 아래와 같다.

[출처 일람]

머리말　「コロナ禍における「知の性急化」」『比較文明学会会報73』, 比較文明学会, 2020년 7월.

제1장　「現実を視ぬ韓国, 過信に陥る日本」『Voice』2019年12月号, PHP研究所

제2장　「「ナッツリターン」事件にみる韓国社会の本質」『中央公論』2015年3月号, 中央公論新社

제3장　「変化と不変化の韓国社会ーエリート支配, 市民の権力, 道徳性」『嫌韓問題の解き方 ステレオタイプを排して韓国を考える』(小倉紀蔵・大西裕・樋口直人共著)에 수록, 朝日新聞出版, 2016年6月

제4장　「日本と韓国の政治文化」『青淵』2010年2月号, 財団法人渋沢栄一

記念財団「朱子学化する日本近代」『機』2012年5月, 藤原書店

第5장　「「反米」韓国は、それでも派兵する」『諸君』2004年2月号, 文藝春秋

第6장　「金正恩と朝鮮半島の民主主義」『Janet(웹)』, 時事通信社, 2018年
7月31日

第7장　「「正義」しか知らない韓国」『Janet e-World(웹)』, 時事通信社,
2019年3月号

第8장　「日本メディアのソウル特派員が伝える韓国論/日韓関係論」『現代
韓国朝鮮研究』第20号, 現代韓国朝鮮学会, 2020年12月

第9장　「よりよい日韓関係をいかに構築すべきか―五つの提言」, 조선
일보가 주최한 심포지엄 「NEAR-Chosun Conference: The 50th
Anniversary of the Normalization of Korea-Japan Relation and Its
Future」, 2014년 8월 29일 한국 제주도에서 발표(한국어)

　발표할 기회를 주신 각 매체의 담당 편집자 여러분께 감사의 인
사를 드리고 싶다.

2021년 6월 8일
여름을 맞이하려는 교토에서
오구라 기조

역자 후기

처음 이 책을 읽기 시작했을 때 나는 이 책의 분량(원서는 신서 분량으로 210쪽에 가깝다)을 보고 금방 번역할 수 있겠다는 생각을 했다. 이렇게 오만한 생각을 하게 만든 원인은 오구라 기조 정도 되는 전문성 있는 학자가 이렇게 짧은 분량의 책을 썼으니 그 내용이 저자의 다른 책보다도 쉬울 것 같다는 생각에 있었다. 훑어봤을 때도 그런 생각을 했다.

하지만 이것은 내 오산이었다. 전체적으로 봤을 때는 어렵지 않지만, 읽고 번역을 하면서 나는 저자의 생각과 싸웠다. 동의하는 부분도 있고 동의하지 않는 부분도 있었다. 아마도 많은 번역자 분들도 번역을 하면서 이러한 경험을 하셨을 것이라 생각한다. 그런 생각이 들어서 잠시 작업을 멈추고 휴식을 가졌다. 잠시 쉬었다가 작업을 재개하면서 나는 저자의 고민에 어느 정도 공감을 하게 되었다.

저자는 한국에서도 잘 알려진 일본의 한국 전문가이다. 특히 역사 같은 분야를 전공하는 경우가 많은 일본의 한국 전문가들과 다르게 특이하게도 사상과 철학을 전공했으며 독특한 시선으로 한일 관계를 바라보는 학자이다.

아마도 이 책은 저자의 유명한 책인 『한국은 하나의 철학이다』나 앞으로 소개될 다른 책들에 비해서 상대적으로 '가벼운' 책일 것이다. 특히 일본의 출판사(PHP)가 굉장히 '상업적'인 책을 출간하는 출판사이기 때문에 언뜻 보면 더욱 그렇게 보인다. 당연하지만 꽤 학술적인 스타일인 다른 책의 문체와 달리 일반 대중을 상대로 한일 관계에 관해 쉽게 말하려고 하는 문체로 서술했다.

하지만 그렇다고 해서 이 책이 그냥 가벼운 책이라고 할 수 없다. 왜냐하면 한국어판 서문에서도 저자가 말하듯 이 책의 제목은

『한국의 행동원리』이지만 사실은 일본 내의 한국 인식을 심각하게 우려하는 저자의 심정이 실려 있기 때문이다. 그렇기에 분량은 적고 저자의 다른 책과 비교해서 문체가 어렵지는 않지만 그렇다고 해서 마냥 가볍고 쉽게 읽을 책은 아니라고 생각한다.

최근 한일 관계는 최악이라고 할 수 있는 상태에 있다. 징용공 판결 이후 한일은 거의 '단절'에 가까운 상황에 있다. 물론 사업이나 외교, 유학을 위해서 현재 한국이나 일본을 오가는 사람들은 있지만, 단순한 여행 같은 일로 한국과 일본을 오갈 수 없는 상태이다. 우려스러운 상황이다. 물론 사업, 외교, 유학 같은 일로 양국을 오가는 것은 좋다. 하지만 여행을 통함으로써 또 다른 교감을 할 수 있을 텐데 그렇게 할 수 있는 길이 막혀 버렸기 때문에 안타깝다. 그리고 이러한 상황을 틈타서 유튜브나 책 같은 분야에서 양국을 서로 비하하여 이득을 챙기는 사람들도 나타났다. 매우 안타까운 일이다.

그래도 한편으로 제2의 한류가 시작되어 일반인들 사이에서 새로운 한일 우호의 싹이 보이기 시작하니 흐뭇하고 앞으로 좋은 일이 있지 않겠냐는 기대도 한다. 하지만 그렇다고 해서 마냥 안심할 수는 없겠다. 서로를 있는 그대로 이해하지 않는 한, 아무리 양국의 교류가 깊어지고 사람 대 사람의 교류가 심화하더라도 지금과 같은 일이 다시 반복되지 않는다고 누가 장담할 수 있을까? 이 책에서 저자는 계속해서 그러한 우려를 한다. 그렇기에 서로를 정상, 혹은 제대로 된 국가라고 보지 말자는 식의 독특하면서도 과격한(?) 주장을 한다. 그러한 시선으로 상대방을 재단하려고 한다면 서로 격렬하게 대립하게 되기 때문이다. 그렇기에 저자는 한국과 일본을 국가가 아닌 단체로 보자고 말한다. 정말이지 재밌는 주장이라고 생각한다. 어쨌거나 이렇게 양국 관계가 막다른 길에 이른 상황에서 이 책이 이러한 상황에서 벗어날 수 있는 하나의 나침반이 되었으면 좋겠다.

이 책을 옮기는 과정에서 많은 분께 신세를 졌다. 지면 관계상 열거할 수 없으나 진심으로 그분들께 감사의 인사를 드린다. 또한 마르코폴로 출판사에도 진심으로 감사의 인사를 드린다.

2022년 3월 13일
이재우

한국의 행동 원리

제1쇄 2022년 11월 30일
ISBN 979-11-976182-9-1

지은이　오구라 기조
옮긴이　이재우
책임편집　김효진
교정교열　황진규
디자인　우주상자

펴낸곳　마르코폴로
등록번호　제 2021-000005호
주소　세종시 다솜1로9
이메일　laissez@gmail.com